细说觉醒年代

XISHUO JUEXING NIANDAI

龙平平　李占才◎主　编
叶帆子　孔　昕　吕春阳◎副主编

全 国 百 佳 图 书 出 版 单 位

时代出版传媒股份有限公司
安徽人民出版社

图书在版编目（CIP）数据

细说觉醒年代 / 龙平平　李占才主编 . — 合肥 : 安徽人民出版社 , 2021.8
ISBN 978-7-212-10806-9

Ⅰ . ①细⋯ Ⅱ . ①龙⋯ ②李⋯ Ⅲ . ①革命故事—作品集—中国—当代
Ⅳ . ① I247.81

中国版本图书馆 CIP 数据核字（2021）第 147513 号

细说觉醒年代

龙平平　李占才　主编

选题策划：陈宝红　　　　　　　　　　　　　　　责任印制：董　亮
责任编辑：朱　虹　陈　蕾　左孝翰　　　　　　　版式设计：陈　爽
封面设计：尚世视觉

出版发行：安徽人民出版社 http://www.ahpeople.com
地　　址：合肥市蜀山区翡翠路 1118 号出版传媒广场八楼　　邮编：230071
电　　话：0551-63533259
印　　刷：安徽联众印刷有限公司

开本：710mm × 1010mm　1/16　　　印张：16.5　　　　　字数：210 千
版次：2021 年 8 月第 1 版　　　　2024 年 9 月第 9 次印刷

ISBN 978 - 7 - 212 - 10806 - 9　　　　　　　　　　　定价：45.00 元

目　录
——CONTENTS

我是如何创作《觉醒年代》的

（序）

龙平平

重大革命历史题材影视作品，体现编剧的历史观，反映编剧对历史事件和历史人物的看法。如果编剧没有自己的观点，只是诠释教科书的概念，人云亦云，不可能写出生动故事，不可能打动观众。我很庆幸，赶上了中国共产党百年华诞这个重要时间节点，能够以百年大党成熟思维为指导回望百年前的历史。

学习党史，不可不知新文化与"五四"。

2015年我开始写《觉醒年代》剧本，正逢新文化运动100周年。其时，对马克思主义与中国传统文化的关系，有各种各样的议论。我就整天在想一个问题：对中国传统文化有很深研究和造诣的晚清秀才陈独秀，为什么不从博大精深的传统文化中为中国找出路，而要舍近求远，不远万里从欧洲引来马克思主义？特别是，按照马克思主义的基本理论，社会主义只能建立在资本主义高度发展的基础上，像当时中国这样一个贫穷落后的半殖民地半封建国家是不具备搞社会主义条件的。这种情况下，

陈独秀、李大钊为什么会选择信仰马克思主义，为什么要用它来指导中国革命，创建中国共产党，他们当初是怎么想的，是怎样找到这条道路的？

《觉醒年代》是用理性思维的方式来回答这个问题的。开篇第一集，李大钊和陈独秀一见面，两人争论的就是怎样寻找救国出路。陈独秀的回答是：出路不是老路，只有找到一条新路，中国才不会亡。

何谓老路？

"政权更迭，推翻一个旧王朝，建立一个新王朝，循环往复，这就是老路。"

何谓新路？

"不知道，我正在找。"

第二集，经过五次出国求道回到上海的陈独秀亮出了他的答案。他以中国正处在"三千年未有之大变局、三千年未有之大强敌"的时代判断立论，总结了鸦片战争之后，中国向西方学习经历的两次觉悟和两次毁灭的惨痛教训：甲午战争，破灭了"以夷制夷"实业救国的梦想；袁世凯称帝，撕碎了资产阶级民主共和国的方案。以史为鉴，陈独秀创造性地提出，以科学和民主为旗帜，改造国民性，开民智、造新民，通过思想启蒙，唤起全民族的觉醒，拯救濒临沦亡的中国。由此，一场类似于欧洲文艺复兴运动的新文化运动拉开了大幕。

人类历史上任何一次社会革命都是以思想启蒙为引擎的。新文化运动6年之后，中国共产党成立了，两者之间的因果关系是显而易见的。《觉醒年代》选择1915年到1921年这6年叙事，是以世界格局发生重大变化为大背景来揭示中国共产党产生的缘由。这6年，世界上发生了两件大事：第一次世界大战和俄国十月革命。第一次世界大战结束，巴黎和会确定的凡尔赛体系架构了帝国主义重新瓜分世界的新格局；俄国十月革命则诞生了世界上第一个社会主义国家。这两件大事，不仅改变了 20 世纪世界的走向，也影响甚至主导了中国的社会变革。短短的 6 年时间，新文化运动、五四运动和中国共产党建立接踵而至。这三件大事，真正地打开了中国从封建走向民主，从农耕传统走向现代文明，从封闭走向开放的历史阀门。这三件大事都是陈独秀、李大钊等这一拨人发动领导的。三者之间是环环相扣、层层推进、缺一不可的关系。但是，我之前做过调查，很多人，尤其是青年人并不清楚新文化运动、五四运动与中国共产党建立的关系。所以，我想通过《觉醒年代》把它说清楚。

新文化运动批孔，今天我们尊孔。历史和现实是否需要沟通，怎样沟通？这是个难题。我的观点：100 年前的批孔和我们今天的尊孔，都没有错，都是救国、兴国、富国、强国的需要。《觉醒年代》中有两场戏是我精心设计的。1919 年，陈独秀决意要离开北大，蔡元培劝他留下来编《中国通史》，陈独秀说："谢谢蔡公。我现在只想静下心来把《新青年》编好。毕竟现实比历史重要。"1920 年，毛泽东去曲阜孔庙后到上海见到陈独秀，陈独秀不无遗憾地说："早知道的话我就请你也给我上一炷香了，请老夫子不要骂我陈独秀，要骂就请他去骂袁世凯吧。"写到这里，我壮着胆子给了毛泽东一句台词："先生，老夫子不会见怪的。他心里明白，他就是一幅画，怎么贴是后人的事。"评价历史人物，不同的时代会有不同的认识。司马迁说研究历史要"通古今之变"。这应该是正确的历史观。

新文化运动为什么要批孔？直接的原因是袁世凯复辟帝制要拜孔教为国教。深层次的原因是，孔教三纲禁锢了人的思想，封建礼教扼杀了人的活力，封建制度阻碍了社会进步。不批孔，就没有理由去请"德先生""赛先生"，就没有理由去引进现代文明，中国就依然是农耕社会的死水一潭。《觉醒年代》通过全景式展现新文化运动，表达了一种思

想观点：面对三千年未有之大强敌，封建主义和孔孟之道救不了中国，复辟帝制走回头路必定死路一条。唯有奋起赶上时代，中国才不会亡。

毫无疑问，100年前，是资本主义的时代。五四运动之前，当中国侥幸成为战胜国的时候，包括陈独秀、李大钊在内的大多数人都以为中国有救了，可以赶上时代了。可是，仅仅过了几个月，巴黎和会就无情地毁灭了中国人的梦想。当帝国主义背信弃义联起手来把一个屈辱的巴黎和约强加给中国，而腐朽软弱的北洋政府竟然准备签订这个和约的时候，中国人彻底地愤怒了、觉醒了。什么是觉醒？《觉醒年代》通过五四运动告诉观众：封建主义救不了中国，资本主义也救不了中国。中国要图强，只能走反帝反封建的道路！

怎么反帝？帝国主义是资本主义的最高阶段，靠学习资本主义来反对帝国主义是无稽之谈。五四运动让中国的先进分子认识到，只有找到高于资本主义社会的科学理论，用于武装我们的思想；只有找到优越于资本主义的先进制度，作为我们奋斗的方向和目标，中国才不会亡。这就是五四运动之后，陈独秀、李大钊跨越历史阶段引进和信仰马克思主义，选择走十月革命道路的终极原因，这就是中国共产党产生的历史必然性，是一个民族的伟大觉醒！

《觉醒年代》用百分之九十的篇幅展现新文化运动和五四运动，盖缘于此。

学习党史，不可不知陈独秀、李大钊。

中国共产党是谁创建的？这原本不应该是个问题。但是，如果你到青年人甚至中年人中去问这个问题，肯定有很多人答不上来或者答错了。我们曾经拍摄过不少建党题材的影视作品，基本上都是围绕着党的一大展开的，毫无疑问，党的一大代表都参与了中国共产党的创建，但是，许多人并不知道中国共产党到底是怎样创建的。

以我为例。20 世纪 60 年代，我读小学的时候，并不知道陈独秀。改革开放后，我上了大学，全面系统地学习了党史，才知道陈独秀是党的缔造者之一。毛泽东说过，陈独秀是有过功劳的，他是五四运动时期的总司令，整个运动实际上是他领导的。他创造了党，我们是他们那一代人的学生。将来我们修中国历史，要讲一讲他的功劳。

中国共产党已经成为百年大党，在这个重要时间节点上，我们应该有一部客观公正地全面反映陈独秀、李大钊缔造中国共产党的过程和贡献的影视作品，让人民充分了解这段历史。而且，我坚定地认为，写这部电视剧，必须以陈独秀和李大钊为主角，这是坚持历史唯物主义、反对历史虚无主义的大问题。

我很幸运，赶上了中国特色社会主义新时代。

2013 年 10 月 21 日，习近平总书记在欧美同学会成立 100 周年庆祝大会上指出：历史不会忘记，陈独秀、李大钊等一批具有留学经历的先进知识分子，同毛泽东同志等革命青年一道，大力宣传并积极促进马克思列宁主义同中国工人运动相结合，创建了中国共产党，使中国革命面貌为之一新。2016 年 5 月 17 日，习近平总书记在哲学社会科学工作座谈会上再次指出："十月革命一声炮响，给中国送来了马克思列宁主义。陈独秀、李大钊等人积极传播马克思主义，倡导运用马克思主义改造中国社会。"习近平总书记的这些论述，充分肯定了陈独秀的历史贡献，为我们正确认识和反映中国共产党建立的历史提供了根本的指导。

2019 年 10 月，为纪念陈独秀诞辰 140 周年，中共中央党史和文献研究院第二研究部发表了一篇纪念文章，称陈独秀为"新文化运动的精神领袖、五四运动的总司令、马克思主义的主要传播者和中国共产党的主要创始人、中国共产党早期的主要领导人"。这篇文章是以党中央党史研究职能部门名义发表的，具有很高的权威性。其中对陈独秀历史贡

献和历史地位的表述，为我在《觉醒年代》剧本中塑造陈独秀人物形象提供了准确的依据。

《觉醒年代》一个重要的特点，就是坚持历史唯物主义的观点，尊重历史事实，遵循既定的历史认同，以习近平总书记的有关重要论述和《中国共产党历史》以及党史研究的最新成果为依据，把陈独秀和李大钊作为并列的两大主角，第一次充分地、艺术地再现了陈独秀、李大钊在新文化运动、五四运动和中国共产党建立这三大历史事件中做出的重要贡献，真实地展现了党的创建过程，弘扬了正确的历史观。

塑造好一个经得起历史检验、各方面都能接受的党的创始人陈独秀的人物形象，是我在整个创作过程中魂牵梦绕的事情。挑战之多，难度之大，难以想象。有两场戏铭心刻骨，永生难忘。一是陈独秀的思想裂变。五四之后的一个月，当陈独秀走出家门，看到北京大学突然变成了关押千余爱国学生的监狱时，他的思想崩溃了。这种人类文明史上从未有过的最可耻的事情让他几十年追求资产阶级民主共和国的理想彻底破灭了。他在红楼的走廊里独自流泪，在思想的炼狱中挣扎了几个时辰，终于浴火重生、凤凰涅槃，完成了与旧民主主义的彻底决裂。他写下了名篇《研究室与监狱》，后来又亲自上街撒传单，决心飞蛾扑火，牺牲自己，以血醒民。写到这里，我突然不能自已，伤心了很长时间。一个人脱胎换骨，成长为革命者是多么的不容易！

还有就是"南陈北李，相约建党"。我查了资料，那一年北方大灾，饿殍千里。看到海河大堤灾民遍野、哀天嚎地的惨状，铁血汉子陈独秀发出了建党的誓言。李大钊问："你为什么要建党？"陈独秀哭着说："不为别人，就为眼前的这些难民，为了他们能像人一样活着，能够得到人的快乐、人的尊严、人的权利。"这样的话恐怕只有陈独秀这样性格、这样品质的人才说得出来。

这两件事都是事实，只是其中一些具体的情节是我虚构的。我非常敬仰陈独秀，因为他缔造了中国共产党，而正是中国共产党经过百年奋斗，使中国人民过上了从未有过的美好新生活。饮水思源，今天，我们党百年华诞、生机勃勃、风光无限，我们的国家安定祥和、人民幸福、国力强盛，我们不能忘记党的缔造者，应该向他们致以崇高的敬意。这应该是一个百年大党回望历史的科学态度。

（原文刊发于 2021 年 5 月 21 日《学习时报》）

《觉醒年代》帮我们读懂先觉者的时代

　　觉醒年代，两个关键词，一是觉醒，二是年代。《觉醒年代》讲的是 1915 年到 1921 年这一段历史时期发生在中国大地上的事情。

　　《觉醒年代》中的陈独秀、李大钊，是先觉者，是试图唤醒民众的敲钟人。他们不是上帝派来的，也不是古老中国尧舜禹汤文武周召孔孟，秦皇汉武唐宗宋祖的正宗嫡传、直系后裔。他们只是那个时代万千知识分子中的读书人，先一步对中国有一些比较深刻的认识，又多一点为国家做点事情的情怀，努力把自己的认识告诉更多的人。这便影响到与他们同时代的人，荫福了后时代的华夏子孙，同时也成就了他们自己。

　　《觉醒年代》很好地驾驭了大历史、大时代、大人物、大事件，有比较流畅的叙事风格。陈独秀、李大钊，他们是先觉者，是启蒙者，但他们的觉悟不是天生的，他们对事物的认识，他们的思想发展，也是有过程的。在这方面，《觉醒年代》没有把陈独秀、李大钊写成天赋异禀，呈现给我们的是他们开始也是众多迷茫知识分子中的一员。他们也在追问中国向何处去，也没有遇到高人、仙人指点。他们自己没有现成的救国救民的方案和蓝图，也在努力探寻救国济民良方。这让观众感觉

到人物塑造得真实可信，不是假大空式的"高大全"。但是，陈独秀毕竟是陈独秀，李大钊毕竟是李大钊。电视剧在这方面下了功夫，又不着痕迹地展现出来。在人物塑造上，电视剧展现了他们倔强（陈独秀多一点）、正直（李大钊多一点）的性格，他们对国情具有痛彻心扉的认识，这种认识又不是仅仅停留在贫困落后挨打的层面，而是认识到中国人的愚昧，并努力探寻这一缘由。

率先读懂他们所处的时代，是他们成为先觉者、启蒙者的客观原因和主观要素。在这一方面，陈独秀解读自己对李鸿章提出的"三千年未有之大变局，三千年未有之大强敌"的认识尤其深刻。在为陈独秀接风的聚会上，在众多好友甚至还有"粉丝"面前，在大家向陈独秀殷切探问中国向何处去的氛围之中，陈独秀发表高见，是顺理成章的，一点也不生硬。而陈独秀并没有慷慨激昂地讲大道理，居高临下地指航向，而是袒露自己的所思所想。陈独秀这个安徽人，弄懂了另一个安徽人李鸿章的原始本意。五千年中华文明，遇到过多次危机，但文明之脉不断，只因为早早进入农耕的华夏文明，对于周边游牧文明而言一直处于领先地位。华夏文明的包容性，非但没有被"打进来"的文明同化，反而吸纳并同化了侵扰自己的文明。但是，鸦片战争以后，侵扰中华文明的西洋文明，是更先进层次的文明，我们同化不了它！如果不能学习它、吸纳它、超越它，什么民族崛起、国家振兴、人民幸福，都只能是空话。陈独秀的这番解释，在当时不是唯一，但确实是不多的先进分子共识。所谓三千年未有之大强敌，最大的强敌则是中国人自身的蒙昧。这种观点在当时可谓远见卓识。这些话，出自陈独秀之口，给人的感觉非常符合人物性格，也更加凸显了陈独秀的人物性格，尤其难能可贵的是符合时代逻辑。让观众认识到：哇，厉害，果然是陈独秀！这就让陈独秀之所以成为陈独秀有了扎实的铺垫和交代。

　　《觉醒年代》把中国共产党成立放在中国 20 世纪初期的大背景下展示：那个年代的时代背景揭示中国这艘古老硕大的破船即将倾覆，中国向何处去成为生活在这艘破船上的所有中国人不得不面对的问题，不得不思考的问题。中国人，尤其是知识分子在迷茫中探索，终有率先觉悟者带动更多人觉醒，揭开新时代的曙光。

　　近代中国历史是一部悲壮的史诗。鸦片战争"西方资本主义"强力敲开中国大门，中国一步步沦为半殖民地半封建社会。民族要独立、人民要解放、国家要强盛、人民要富裕，成为摆在中国人民面前的严峻课题。从鸦片战争时期林则徐、魏源睁开眼睛看世界开始，一代又一代、一拨又一拨的仁人志士，前赴后继地探索救国救民之路，失败了，再重来，失败了，再雄起。而且基本都是遵循这样一个规律：一些有威望，或者有影响力，或者有阅历（年长者）的率先有所觉悟者，登高呼之，大批热血青年热烈响应，积极追随，"前浪"带动"后浪"，兴起大潮。大潮退去，"前浪"或消亡或退隐，但被带动起来的"后浪"不气馁，继续探索，继续奋进。其中的一些先进分子，又成为下一波大潮的"兴风作浪"者，成为带动新生"后浪"的先行者。魏源喊出振聋发聩的"师夷长技以制夷"，当时虽然应之了了，但成为随后洋务运动兴起的口号。洋务运动中的老成之辈，力推"中体西用"，但投身洋务的青年才俊，悟出物竞天择，不维新不能立。终于在甲午战争中国战败的大氛围下，康有为、梁启超的"变法维新"形成气候，大批青年人追随康梁，办报纸、办学堂，鼓吹变法。虽然变法失败，康梁"退化"为保皇党，但大批"后浪"选择了孙中山，鼓吹革命，投身革命。辛亥革命虽然终止了在中国存在两千多年的封建君主专制统治，创立了民国，但政权握在北洋军阀手中。已经"正式当选"为中华民国大总统的袁世凯，在大总统可以连任，可以传贤，也可以传嗣的情况下，仍然不满足，竟然要毁掉

民国，恢复帝制。为了恢复帝制，他甘愿向对华一直抱有觊觎之心的日本出卖权益，以换取日本支持。这就是《觉醒年代》的时代背景。陈独秀等追随孙中山干革命的仁人志士，不服气，不屈膝，不投降，也没有消沉，继续探索救国救民之道。陈独秀以为根本点在于思想革命，塑造新民。

陈独秀创办《青年杂志》，提出"新青年"的六大标准，发起了新文化运动。这在当时的中国，在处于迷茫彷徨的年轻人中，真是一声惊雷，惊醒了无数探寻中国出路的青年，使他们的思想获得空前大解放，产生了新的向往和追求。于此，电视剧选取了典型代表加以展示。毛泽东、周恩来，都有分量重的明场戏，表达他们对"新青年"思想的欢迎。他们受新文化运动的影响，又愿意投身新文化运动之中，对中国出路有新思考、新担当。他们不是鹦鹉学舌，而是从爱国爱民、救国救民的视角，思考"新文化"的兴起和走向。远在美国的胡适，是作为暗场戏处理的，但是他的信反映了他对"新青年"的关注、对新文化的认同、对"文学革命"的极大兴趣。从细节之处，我们可以寻得到毛泽东、周恩来与胡适的细微不同，这为他们日后的思想分化埋下伏笔。中国要进步、中国要发展，必须与阻碍中国发展进步的恶势力作斗争。有了陈独秀这名"斗士"，有了陈独秀吹响与旧势力决裂、向恶势力宣战的号角，乃中国之大幸。这是李大钊以陈独秀为战友的基础。陈独秀的朴素唯物史观也注定他最容易接受并宣传马克思主义。对这么波澜壮阔的大时代、大事件，电视剧剪裁得比较适当，凸显了陈独秀作为新文化运动主要领导人之一的积极作为，尤其是他在大学讲堂里的演讲，揭示中国病根，不是悲悲戚戚，而是点燃光明、激发斗志。这引起热烈反响，也就顺理成章。李大钊、毛泽东、周恩来、胡适等当事人对新文化运动的响应，编剧展现的是"心有灵犀"。所有大事不虚，很多细节传神。

有个细节不应忽视，在第四集最后蔡元培出场，他赴北京出任北京大学校长。在北大他提倡的"兼容并包"，吸纳了陈独秀、李大钊、鲁迅、钱玄同、刘半农等一大批"新派"人物，大批思想文化先进分子齐聚北京，聚集在北大。以李大钊为代表的先进知识分子，接受并大力宣传马克思主义，一场更猛烈的新的暴风骤雨在酝酿之中。

新文化运动为新思想传播创造了条件。但是，启蒙是一个漫长的过程。时势发展打断了启蒙运动进程。巴黎和会中国外交失败，爱国学生走上街头，五四爱国运动爆发。爱国取代启蒙，成为当时中国的头等大事。五四运动进一步解放了中国知识分子尤其是青年人的思想，并锻炼了人才。正是在这一大背景下，"南陈北李，相约建党"。李大钊留守北京，继续研究宣传马克思主义，积极创建共产党组织。陈独秀到了上海，在法租界老石库门房子继续办《新青年》杂志，研究宣传马克思主义，并聚集一批志同道合或暂时志趣相投的知识分子，创立共产党组织。与此同时，其他地方的先进分子、马克思主义者也在积极开展筹建党组织活动。1921 年 7 月，中国共产党第一次全国代表大会在上海召开，先是在法租界，后为了安全，转移到浙江嘉兴南湖的一条小船上。

从在上海石库门老房子里创办《新青年》杂志，兴起新文化运动，到北大红楼研究宣传马克思主义，发起五四运动，从上海渔阳里和北大红楼以及长沙、汉口、济南等地组建党组织，再到上海石库门党的一大开幕和嘉兴红船党的一大闭幕，在古老的中国大地上，中国共产党诞生了。

（李占才）

袁世凯签订"二十一条"把全中国人得罪了

  《觉醒年代》第一集有一个这样的情节：北洋政府大总统袁世凯收到了日本方面送来的"二十一条"秘密条款，日本方面威胁袁世凯，要求他立刻签署，否则就派军队攻打中国，同时日方的军舰也已经开到了中国领海之内。袁世凯害怕了，决定答应日本的大部分条件。1915年5月9号，袁世凯与日方签订了丧权辱国的"二十一条"。

  那么，袁世凯为什么要签订丧权辱国的"二十一条"，中国人民对此又是如何反应的呢？

  1914年，第一次世界大战爆发，德国、奥匈帝国、意大利等国组成同盟国，与英国、法国和俄罗斯帝国等国组成的协约国开战，战火遍及欧洲、亚洲和非洲。此时，中国正由以袁世凯为首的北洋政府统治。面对这一情况，北洋政府宣布中立，两不相帮，然而没能挡住日本侵华的邪念和野心。

  日本已经通过中日甲午战争侵占了中国的台湾，通过日俄战争又染指中国东北，但这些没有填满它的胃口，它对中国的山东还是虎视眈眈、势在必得。当时中国山东地区是德国的势力范围，日本忌惮德国强大的军队，一直没敢轻举妄动。

第一次世界大战爆发，德国忙于对英、法作战，无暇东顾。日本认为这是它推行"大陆政策"、独占中国的天赐良机。因此，大战刚爆发，日本就趁火打劫，以"承担日英同盟的义务"为借口，打着"保卫东亚和平"的幌子，宣布加入英、法一边，向德国宣战。日军对德宣战，却不向欧洲派出一兵一卒，而是把进攻矛头指向中国。

当时，德国强占了位于山东地区的胶州湾，并且在青岛等地驻有军队。1914 年 8 月 27 日，日军封锁胶州湾，并以进攻驻青岛德军的理由出兵山东。日本打着进攻德军的旗号，却想着要扩大侵略范围，于是派兵两万从龙口登陆，占领了莱州、济南、青岛等地以及胶济铁路沿线地区。

面对这一情况，以袁世凯为首的北洋政府，根本不敢抵抗日本的侵略，任由日本侵略军在中国的土地上烧杀掠夺，为非作歹。整个山东，凡日军占领之地，人民受难，苦不堪言。

就在中国人民挣扎在日军铁蹄之下时，身为北洋政府的大总统袁世凯却做起了皇帝梦，妄图在中国复辟帝制，开始紧锣密鼓地筹备称帝闹剧。为了寻求帝国主义列强的支持，袁世凯派人加紧与各国联系。在这种情况下，日本帝国主义的胃口越来越大，态度越来越蛮横。山东问题还没有解决，1915 年 1 月 18 日，日本驻华公使又向袁世凯提出了旨在灭亡中国的"二十一条"，并要求袁政府"绝对保密，尽速答复"。

为了让袁世凯尽快签署"二十一条"，日本方面采取了各种威逼利诱的措施：一方面假惺惺地承诺，无条件支持袁世凯当所谓"中华帝国"的皇帝；另一方面也撕下虚伪的面纱，赤裸裸地威胁袁世凯，如果不答应，就采取军事行动。1915 年 5 月 7 日，日本提出最后通牒，限 48 小时内答复，否则将采取军事行动。

在《觉醒年代》电视剧中，北洋政府外交部次长曹汝霖深夜去找袁

世凯，呈上日本关于"二十一条"的最后通牒。袁世凯看后大发脾气，但是，为了换取日本对他复辟帝制的支持，1915 年 5 月 9 日，袁世凯向日方表示，除第五项"容日后协商"外，同意与日本签订"二十一条"。

袁世凯接受"二十一条"，大量出卖中国主权的消息一经传出，举国一致视为奇耻大辱。愤怒的中国人民纷纷走上街头，举行各种抗议示威行动。

上海商、学、工各界举行国民大会，强烈反对"二十一条"，并给袁世凯发去电报，要求北洋政府拒绝"二十一条"。各地的青年学生也纷纷走上街头，高呼反对"二十一条"的口号，举行罢课示威。汉口、长沙等地工人罢工抗议，拒不承认"二十一条"，誓雪国耻。各地还掀起了抵制日货的活动，全国上下一致声讨袁世凯的卖国称帝行为。

这是中华民国成立之后，第一次出现如此大规模的爱国群众运动，不仅对稍后的全国人民反对袁世凯复辟斗争产生了巨大影响，而且成为五四爱国运动的先导。

此时，袁世凯签订"二十一条"的消息也迅速在日本的中国留学生中传开，遭到了爱国学生们的一致声讨。正在日本早稻田大学留学的李大钊听到这个消息，对北洋政府和袁世凯丧权辱国的行为深恶痛绝，于是召集广大留日学生，发表了慷慨激昂的演说，怒骂窃国大盗袁世凯。

李大钊说道："窃国大盗袁世凯要复辟当皇帝，中华民国危在旦夕了；卖国贼袁世凯签订了'二十一条'，中华民族危在旦夕了。共和就要死了，青岛就要没有了，同胞们，我们怎么办？"

留日学生们听后，热血沸腾，群情激奋，近千名学生振臂高呼："回国！倒袁！"这时，一个贵族学生张丰载却跳了出来，大放厥词，阴阳怪气地给爱国留学生们泼冷水。他认为中国陷入如此境地，就是因为民主之士不顾现实，非要建立民主共和国，明明君主立宪制才是拯救中国的正道。

对于这种谬论，李大钊痛斥："辛亥革命以来，整个民众的思想早已得到了翻天覆地的变化，海内外齐声倒袁的现象便是铁证。越是在民族危亡之时，就越应该唤起民众的觉悟，振作民族精神，而且要把共和的思想灌输给民众，则必须推翻封建的思想。逆历史潮流者，必被时代的洪流所淹没。我们为了爱国，必须救国，倒袁！我们为了我们的中华民族，更必须救国，倒袁！"

面对青年学生们满腔倒袁热情，陈独秀认为，中国的问题，积重难返，已经不是换一个大总统、换一个政府所能解决的了。辛亥革命打倒了皇帝，建立了民主共和制度，却上来了一个袁世凯。现在袁世凯又要做皇帝了，还是换汤不换药。因此，光靠政治革命，解决不了根本问题。如果想要改变中国眼下任人宰割的衰弱境地，不能再走政权更迭、循环往复的老路了，必须追根溯源，找到一条救国救民的新路。

这样一番独辟蹊径而又令人深省的话，深深触动了李大钊，但此时的李大钊，对陈独秀的观点并不完全认同，而是满腔热情地投入倒袁斗争中去，决心创办留日总会与袁世凯的卖国行为作斗争。

（吕春阳）

陈独秀办杂志请来了"德先生"和"赛先生"

　　《觉醒年代》第三集有这样一个画面：在熙熙攘攘的上海街头，一位说书先生手持快板，嘴上念念有词，引来一大群中国人和外国人驻足围观。他声情并茂地讲道："嚓啷啷小锣敲起来，《青年杂志》已出版。中国社会多磨难，陈独秀两张药方来公开。'德先生''赛先生'，已经跑到中国来。"众人听罢，纷纷拍手叫好。

　　那么，到底谁是"德先生""赛先生"？又是谁把它们请到中国来的呢？故事还要从陈独秀创办《青年杂志》(《新青年》)说起。

　　1915 年 6 月中旬，因为"二次革命"反对袁世凯失败而东渡日本的陈独秀，与志同道合的革命好友易白沙一道乘船返回了上海。陈独秀的好友、上海亚东图书馆经理汪孟邹，在家中设宴，为陈独秀接风洗尘。老友相见，分外亲热。几位故交推杯换盏，谈笑风生，话题不知不觉就引到了当前的时局上，大家都在痛斥袁世凯的卖国求荣行为，纷纷提出当今国之要事，就是打倒袁世凯，再造共和国。

　　陈独秀吃着手中的花生，仔细听着众人的议论。突然，他高声说道："改造中国，首先要改造中国人的思想，提高中国人的素质；要想光复中华昔日之辉煌，首要的是造就一代新人。"

原来，基于"二次革命"失败的教训，陈独秀经过思考和求索，得出一个结论：救国图存，首先要进行思想革命。陈独秀认识到，中国自鸦片战争以来，陷入被动挨打的境地，西方列强的坚船利炮，自然是一方面原因，但不是最重要的原因。最重要的是，西方列强不仅有工业时代所产生的先进武器，而且他们还有先进理念和先进的制度。在他们面前，我们的制度落后了，我们的思想也落后了。因此要想救中国，就必须从思想上改造中国，改造中国人，提高中国人的素质，造就一代新人。为此，创办杂志，大力宣传新思想，必将能够收到开启民智的效果，也是当务之急。陈独秀向好友提出自己的想法，他要创办一份杂志，作为唤醒国人政治觉悟和伦理觉悟的号角。陈独秀向在座的诸位好友保证，让他办十年杂志，全国人民思想都会为之改观。

说干就干。起初，陈独秀想让自己的好友汪孟邹赞助发行，可是亚东图书馆没有能力负担出版和发行的费用，于是汪孟邹把杂志的印刷和发行委托给群益书社的陈子沛、陈子寿兄弟承担。陈氏兄弟欣然同意，商定每月为杂志付出两百大洋的编辑费和稿费。

1915 年 9 月 15 日，《青年杂志》第一卷第一号正式亮相。这是一本十六开、一百页的月刊，每六号为一卷。创刊号的开篇文章就是陈独秀写的《敬告青年》，即这本杂志的发刊词。

开宗明义，陈独秀提出了新青年的六个标准，那就是：一、自主的而非奴隶的；二、进步的而非保守的；三、进取的而非退隐的；四、世界的而非锁国的；五、实利的而非虚文的；六、科学的而非想象的。

所谓自主的而非奴隶的，是要求青年牢固树立人人平等的观念，"各有自主之权，绝无奴隶他人之权利，也绝无以奴自处之义务"。不奴役他人，更不要做他人奴隶、被他人奴役，堂堂正正地做人，堂堂正正地

做事。

所谓进步的而非保守的，陈独秀提出，世界进化，永无止境。不能善变而与之俱进者，将不能适应环境之争，必被淘汰。人生也如逆水行舟，不进则退，只有日新求进，方能生存发展。必须抛弃固有的伦理、法律、学术、礼俗等封建制度文明，跟上时代潮流发展。

所谓进取的而非退隐的，要求青年必须明白，生存竞争，势所不免，一息尚存，绝无守退安隐之余地。排万难而前行，乃人生之天职。退隐，实际上是弱者不适应竞争而怯懦，万万不可取。

所谓世界的而非锁国的，陈独秀提出，万邦并立，动辄相关，无论其国若何富强，亦不能漠视外情，自为风气。各国制度文物，形式不必尽同，但遵循共同原则之精神，渐趋一致，潮流所及，莫之能违。锁国之精神，必无世界之智识。

所谓实利的而非虚文的，陈独秀认为，物之不切于实用者，虽金玉圭璋，不如布粟粪土。若事之无利于个人或社会现实生活者，皆虚文也，诳人之事也。诳人之事，虽祖宗之所遗留，圣贤之所垂教，政府之所提倡，社会之所崇尚，皆一文不值也！他号召青年注重实利，远离虚文。

所谓科学的而非想象的，陈独秀明确指出：近代欧洲之所以发达起来，科学之兴，其功不在人权说之下。科学与民主，若舟车之有两轮焉。凡一事之兴，一物之细，罔不诉之科学法则，以定其得失从违。因此，国人欲脱蒙昧时代，羞为浅化之民也，则急起直追，当以科学与人权并重。

陈独秀创办《青年杂志》，标志着新文化运动兴起。陈独秀倡导民主与科学：民主，英文 "Democracy"，陈独秀把它称作"德先生"；科学，英文 "Science"，陈独秀把它称作"赛先生"。陈独秀高举民主与科学的大旗，在哲学、文学、教育、法律、伦理等广阔领域，向封建意识形态发起了猛烈的进攻。在古老的中国大地上，起到了振聋发聩的启蒙作用。

《青年杂志》一经发行，就受到了读者的热烈欢迎。正当陈独秀等准备大干一场时，群益书社的陈氏兄弟收到了一封抗议信。信是当时上海基督教青年会写的，他们抗议说《青年杂志》与他们办的《上海青年》"名字雷同"，要求《青年杂志》改名。为了避免不必要的麻烦，陈独秀给《青年杂志》想了一个更加响亮的名字——《新青年》。从此，《新青年》成为当时渴望寻找救国救民道路的有志青年的必读书。

《新青年》自创办以来，就把注意力集中到思想文化领域上来，认为中国之所以会出现袁世凯复辟的现象，就是因为中国社会缺少一场对旧思想、旧文化、旧礼教的彻底批判，大多数人的思想仍然被专制和愚昧牢牢束缚着。因此，《新青年》以及由其引发的新文化运动，把攻击的矛头集中指向统治中国两千多年的、以纲常名教为核心的封建主义思想文化，特别是被袁世凯所尊奉的孔教。

《新青年》连续刊发了一大批反对封建主义的战斗檄文，如易白沙的《孔子平议》、陈独秀的《驳康有为致总统总理书》、李大钊的《孔子与宪法》等，对以孔子为代表的封建主义文化展开了猛烈抨击。当然，《新青年》文章对孔子的批判，也不失理性。正如李大钊所说："余之抨击孔子，非抨击孔子之本身，乃抨击孔子为历代君主雕塑之偶像的权威也；非抨击孔子，乃抨击专制政治之灵魂也。"

《新青年》高举民主与科学的旗帜，似一声春雷，震醒了中华民族。自此之后，"德、赛二先生"成为中国思想界的主流，掀起了声势浩大的思想解放运动，使许多原来处在麻木不仁状态的人猛然惊醒过来，为后来的五四运动打下了思想基础。

（吕春阳）

《新青年》警醒了三个青年人

《新青年》号召广大青年，要用民主与科学的良药，来救治中国政治上、道德上、学术上、思想上的一切黑暗，敢于向封建思潮进行勇敢的斗争。这种战斗精神，警醒了当时正处于彷徨和苦闷中寻找救国救民道路的有志青年，毛泽东、周恩来、胡适就是其中的代表。

《觉醒年代》中毛泽东的出场，非常精彩。长沙街头，绵绵细雨中，士兵骑着高头大马，挥舞着鞭子，耀武扬威。毛泽东身穿长衫，夹着布包，淋着雨，蹚着泥水，向前奔跑。他看到，街边衣衫褴褛、灰头土脸的孩子，头上插着稻草，正被人贩子吆喝着叫卖。另一边，一个富家少爷，坐在小汽车里正有滋有味地吃着三明治。前边，地上匍匐着一位衣衫褴褛的老人，在垃圾中翻找可吃的东西。这就是当时社会的真实写照。有良知的读书人，对此不可能完全无动于衷。但是，出路在哪里？既有远大志向又极富同情心的毛泽东一脚深一脚浅、一脚泥一脚水，向前奔跑着，他在寻找救国救民的道路。

街边一个遮雨棚下面聚集着毛泽东的同学、朋友。他们是萧子升、蔡和森、何叔衡、陈昌，还有蔡和森的母亲葛健豪。她在给大家弄吃的。

突然来了个李立三，他是新人，看到毛泽东以"二十八画生"为笔名发的求友告示，慕名而来。毛泽东的二十八画生笔名，是他的繁体字名字笔画数。他征求志同道合者做朋友，共同奋斗。

"我淘到宝贝啦，我淘到宝贝啦！"毛泽东一边喊着，一边跑了进来。毛泽东打开布包，原来他自己无遮无拦地淋着雨奔跑，却用布包裹、紧紧抱着的，是陈独秀主编的《青年杂志》（《新青年》）。毛泽东说："我找到了救国的药方。看到《敬告青年》这篇文章，我就已经觉得头上炸出了一道惊雷，醍醐灌顶。各位，我现在浑身都是劲儿，咱们不是一直在说，要再造新民吗？那何为新青年？陈仲甫先生在这里谈到了六条标准。"一同学读出声音："自主的而非奴隶的；进步的而非保守的；进取的而非退隐的；世界的而非锁国的；实利的而非虚文的；科学的而非想象的。"毛泽东接着说："这六条标准虽好，但是我觉得还不够全面，至少再加上一条，健壮的而非体弱的。各位，敢于努力救国之新青年，筋骨强，方能气力雄，才能真的把外国人叫我们'东亚病夫'的帽子，彻底踩在脚下。文明其思想，野蛮其体魄，心力体力合二为一，世上事未有不成。诸位，这才是我们中国的新青年。我已经想好了，我要投稿《青年杂志》，好好谈谈我们中国人的体育。"《新青年》打开了毛泽东的眼界，启迪了毛泽东的思想。

毛泽东在湖南省立第一师范读书时，得遇恩师杨昌济先生。杨昌济是近代著名的伦理学家、教育家，曾在国外留学十年，学成归国，致力于教育救国。杨昌济认为自古俊才多起于清寒之家，他"欲栽大木拄长天"，热衷于发现和培育可造之才。他对毛泽东、蔡和森等青年才俊关爱有加。杨昌济拥护新文化运动，是新文化的积极传播者。他十分喜爱《新青年》杂志，不仅自己阅读、投稿，还积极向朋友和学生推荐。杨昌济考虑到学生们经济上都不富裕，于是自己出钱买了一些《新青年》

杂志，送给他最得意的学生毛泽东、蔡和森等人传阅。

毛泽东很快就成了《新青年》的忠实读者，几乎每期必读，甚至有的文章都能背诵。在很长一段时间里，毛泽东每天除上课、阅报以外，看书，看《新青年》；谈话，谈《新青年》；思考，也思考《新青年》上所提出的问题。在毛泽东看来，《新青年》中所提出的思想革命、文学革命、妇女革命以及倡导民主与科学，反对封建主义旧文化，都是好主张。在《新青年》的影响下，毛泽东认识到，中国政治、经济、文化、思想等方面，都需要一个根本性改造。后来，毛泽东对美国记者埃德加·斯诺回忆这一时期的学习与生活时，说道："《新青年》是有名的新文化运动的杂志，由陈独秀主编。我在师范学校学习的时候，就开始读这个杂志了。我非常钦佩胡适和陈独秀的文章。他们代替了已经被我抛弃的梁启超和康有为，一时成了我的楷模。"

1917 年 4 月 1 日，毛泽东署名为"二十八画生"的《体育之研究》在《新青年》第三卷第二号发表，全文约 7000 字。在这篇文章中，毛泽东引经据典，谈古论今，强调青年要"文明其精神，野蛮其体魄"，加强身体锻炼和意志磨炼，养成武勇刚强、朝气蓬勃的性格。《体育之研究》是毛泽东公开发表的第一篇文章，其中提出的观点一直到现在依然闪烁着思想的光辉，对我们今天仍然有指导意义。

在新文化运动的影响下，湖南的毛泽东、蔡和森等有志青年逐渐走到了一起，每天畅谈中国的命运和前途，逐渐萌发了成立一个组织的想法。1918 年 4 月，他们正式发起组织新民学会，探求中国新的出路。

和毛泽东一样，周恩来也深受《新青年》的影响。

当《青年杂志》（《新青年》）创刊时，周恩来正在天津南开中学读书。陈独秀写的发刊词《敬告青年》一文，让周恩来赞不绝口。陈独秀提出的新青年的六条标准，就像一盏明灯照亮了周恩来的心灵。

1917 年，周恩来以优异的成绩从南开中学毕业，踏上了赴日本留学的旅途。临行前，友人又赠送他一本《新青年》第三卷第四号。在旅途中，周恩来仔细阅读了这本杂志，思想上受到了极大震动，产生了共鸣。到东京后，周恩来迫不及待地从他的朋友严智开那里借来了《新青年》，如饥似渴地通读了一遍。他深受启发，觉得自己"从前的一切谬见被打退了好多"。

在《新青年》的警醒下，周恩来开始树立这样一个信念：在"思想""学问""事业"上，都要毫不犹豫地抛弃"旧"的，追求"新"的，"去开一个新纪元才好"。他在日记里兴奋地写下两句诗："风雪残留犹未尽，一轮红日已东升。"

同毛泽东、周恩来一样，胡适也受到了《新青年》的影响。他不仅是《新青年》忠实的读者，同时也成为《新青年》重要的撰稿人、编辑者，为《新青年》的发展壮大做出了很大贡献。

当陈独秀从日本归国创办《青年杂志》（《新青年》）时，年轻的胡适正在美国康奈尔大学读书。当时的胡适，因为主张文学革命、提倡白话文而在文学界已经小有名气。他经常在章士钊创办的《甲寅》杂志上发表一些西方名著的译作，受到了许多知识分子的关注和欢迎。

当陈独秀的《青年杂志》创刊后，陈、胡两人共同的朋友汪孟邹把这本杂志寄给了远在美国的胡适。胡适收到后，对陈独秀的《敬告青年》一文十分佩服，给汪孟邹来信大加赞赏。

就在此时，陈独秀正在寻找一些文笔好的学者为《新青年》撰稿，汪孟邹就向陈独秀大力推荐了胡适。陈独秀大喜过望。他读过胡适在《甲寅》杂志上发表的译作，对胡适提倡的文学革命的主张十分认同。于是陈独秀急忙要求汪孟邹给胡适去信，向他约稿，要求他尽快把稿件寄来。

经过汪孟邹的穿针引线，胡适与《新青年》建立了最初的联系。面

对萌动着的文学革命大潮，经过长期的思索和与朋友们的交流，胡适逐渐认识到中国文学革命的关键是用白话文代替文言文，改变半死不活的文字。但这种认识在当时应者寥寥，同在美国求学的一帮朋友不赞成胡适的意见。

1916 年夏天，胡适的稿件和信件寄到了陈独秀的手上。这次寄来的稿件，是胡适用白话文翻译的俄国短篇小说《决斗》。陈独秀看了译文，文字流畅，白话文功底深厚，十分喜欢，当即决定采用。

1916 年 9 月 1 日，这篇作品在《新青年》第二卷第一号发表，这是胡适发表在《新青年》上的第一篇作品。作品一经刊出，就受到了广大青年的热烈欢迎，其清新流畅的文笔，让人耳目一新。

1916 年 10 月，经过周密的思考，胡适给陈独秀写了一封信，将自己关于文学革命的思考告诉了陈独秀，提出了文学革命的八点主张。陈独秀接信后，甚为叹服。他积极鼓励胡适将这些意见表述成更为完整的文章。胡适在他的鼓励下将自己的思考写成了《文学改良刍议》，发表在 1917 年 1 月《新青年》第二卷第五号上，该文章系统阐述了他对文学改良的八条建议：（一）须言之有物；（二）不摹仿古人；（三）须讲求文法；（四）不作无病之呻吟；（五）务去滥调套语；（六）不用典；（七）不讲对仗；（八）不避俗字俗语。

《文学改良刍议》的发表，在中国知识界激起了一场"思想风暴"，极大地解放了人们的思想，引发了二十世纪中国文学最具革命性的变革，掀起了新文化运动中文学革命高潮。白话文成燎原之势，风行一时。一夜之间，大洋彼岸的胡适名声大震。年仅 26 岁的胡适，在中国新文化运动的舞台上"闪亮登场"。

（吕春阳）

"三顾茅庐"：蔡元培请陈独秀"出山"

    《觉醒年代》有一段情节：来到北京为《新青年》募集资金的陈独秀，一次性就得到了十万股金，证明了《新青年》在京城很有影响力。陈独秀兴奋过度，不小心摔倒在雪地里，爬起来哼着歌来到了旅店。刚刚上楼，他就在漫天飞雪中看到了一个熟悉的身影，那是十年未见的老友蔡元培。陈独秀张开双臂，笑着走向蔡元培，久别重逢的两人紧紧相拥。

    11月的北京，已经是大雪纷飞、天寒地冻的时节了。陈独秀一到北京，就穿着李大钊送给他的那件长棉袍，头戴一顶旧棉帽，围着一条大围巾，到处奔走，找熟人、找朋友、找名人，谈《新青年》融资问题。

    此时的蔡元培，刚被任命为北京大学校长。北京大学，前身是清政府设立的京师大学堂，辛亥革命后于1912年改名为北京大学。虽然名称变了，但是换汤不换药，整个学校还是由封建官吏把持，传统的封建思想影响很深，衙门作风十足。学校的教师大多数为出身举人或进士的老学究，满脑子封建思想，甚至还有一些滥竽充数的不学无术之辈、毫无责任心的只领薪酬不好好教书的"教授"混迹其中。学生也多为官宦子弟，不专心钻研功课，反而整天吃喝玩乐。当时的北大，又被称为"官

僚养成所"，校风十分腐败。

为了扭转北大的恶劣校风，北洋政府大总统黎元洪任命著名教育家蔡元培担任北大校长。蔡元培（1868年1月11日—1940年3月5日），字鹤卿，又字子民等，为前清进士，又曾是著名的革命党人，很有影响力。蔡元培同意出任北大校长，但他深知，要搞好北京大学，首先需要聘请一批具有真才实学而且热衷教育事业的学者名流，才能改造北大不良校风。当时的北大，文科教授多为顽固守旧之人，蔡元培整顿北大想先从整顿文科入手。

蔡元培刚刚接受北大校长委任状，就请朋友们帮助推荐能够担任文科学长的人选。蔡元培的老友汤尔和提出了一个人选，他说："陈仲甫，陈独秀，这可是引领当今中国潮流的人物，他定能担此重任。"无独有偶，此时任北大预科国文主任的沈尹默，也向蔡元培郑重推荐了陈独秀，并将其在北京的住址告诉了蔡元培。

其实，陈独秀、蔡元培两人是老熟人。早在反清革命时，他们就相识、相知。他们还曾一起研究制造准备发动武装起义或者暗杀清廷官员使用的炸弹。在一次炸弹意外爆炸事故中，陈独秀奋力推开蔡元培，救了他一命。蔡元培对陈独秀印象深刻，并且甚为佩服他的勇气和责任感。因此，听了汤尔和的介绍，又翻阅了《新青年》杂志，蔡元培便下定决心，要聘请陈独秀担任北京大学文科学长一职。

蔡元培一大早就来到陈独秀下榻的旅馆，拜访陈独秀。老友相见，分外亲热。他们共同回忆当年参加暗杀团、制炸弹、差点丢了性命的经历，相视大笑起来。随后，蔡元培道明来意。他郑重其事地对陈独秀说："我想请你到北大担任文科学长。助我一臂之力，助北大一臂之力，望仲甫兄切莫推辞啊。"另外，蔡元培还开出了很高的薪水，每月三百大洋。

面对蔡元培的盛情邀请，陈独秀却沉默了。他思忖，《新青年》已经在社会上产生影响，是宣传新思想、改造国民性的很好平台，如果到北大任职，那《新青年》怎么办呢？他不能割舍这个传播新文化、新思想的"小荷才露尖尖角"的刊物。同时，他考虑他虽然多次去日本，但大多是因为参加革命躲避政府追捕，只是游学，也参与创办宣扬革命的刊物，但没有取得过正式文凭，也不曾在正规大学担任过教授，或做过教学管理工作。北大毕竟是全国最高学府，藏龙卧虎，自己出任文科学长，未必服众。加之，他也不曾有这个追求，没有思想准备，也没有职业谋划，所以他没有把握当得好这个文科学长。因此，陈独秀委婉拒绝了蔡元培的邀请。

陈独秀创办《新青年》，开新文化运动之先河；陈独秀入职北大，一定会给沉闷的北大带来清新空气。况且，《新青年》吸引了一批有新思想、新理念的知识分子，陈独秀俨然已经成为新文化运动的主要领导人之一，他身边必将聚拢一批有新思想又有担当、有作为的知识分子，这些人才，对北大的发展，必将大大有益。求贤若渴的蔡元培，已经认定陈独秀是北大文科学长的不二人选，他要想尽一切办法，请陈独秀入职北大，他也相信自己有这个办法。

过了几天，蔡元培一大早又来拜访陈独秀。陈独秀前一天晚上与鼓吹新文化的钱玄同、刘半农等人相约在陶然亭赏雪饮酒，喝得酩酊大醉，蔡元培到来时他正在呼呼大睡。蔡元培见状，急忙吩咐"茶房"不要打扰陈先生休息，自己却搬来一个小板凳，坐在陈独秀房门外等候。当时大雪纷飞，漫天皆白，片片雪花，被风卷进房廊之下，飘落在蔡元培的身上、头上，蔡元培不为所动，犹如一尊雕塑，一动不动地静静地坐着，等待醉酒的陈独秀醒来。

与陈独秀同住的汪孟邹从房间里出来，看到等候在门外一身落满雪花的蔡元培，大为感动。汪孟邹急忙把陈独秀拉起来，把蔡元培迎进屋

子。刚刚落座，蔡元培就跟上次一样，言辞恳切地请陈独秀出任北大文科学长。同时，蔡元培提出，可以让陈独秀把《新青年》阵地搬到北大，一边担任文科学长，一边继续编辑《新青年》。蔡元培建议："《新青年》可以在北大实行教授同人编辑。这样一来，《新青年》就可以把北大当作宣传'德先生''赛先生'绝佳的讲台，以此来提倡和推广新文化运动。"

蔡元培关于《新青年》的一番话，着实打动了陈独秀。其实就在蔡元培来访的前一天，钱玄同和刘半农就极力劝说陈独秀把《新青年》的阵地搬到北京来，立足北京，放眼全国，发扬光大。如今又听蔡元培这么一说，加上蔡元培的真诚，陈独秀已经心动。

但是，陈独秀内心还是有所顾虑。他担心北京作为北洋政府首都，官僚作派重，人生地不熟，《新青年》的发展可能因此受限制。思前想后，陈独秀还是婉拒了蔡元培的再次相邀。蔡元培仍然没有放弃，约定过段时间，再来拜访陈独秀。

就在此时，听闻陈独秀在京，李大钊等人邀请他前往甲寅杂志社参观指导。在交谈中，李大钊等人也极力劝说陈独秀把《新青年》搬到北京来。李大钊告诉陈独秀，北京喜欢看《新青年》的人很多且广泛，既有名人、学生，也有工人、车夫。《新青年》的影响力很大，但是由于距离过远，很难及时买到。同时李大钊等人从编辑的角度指出，同人编辑制度既可提高刊物影响力，又能加强编辑力量，缓解撰稿压力。

这些理由让陈独秀很难拒绝，在征求好友汪孟邹意见后，陈独秀决定答应蔡元培的邀请，出任北大文科学长，同时把《新青年》的编辑工作放在北京，出版仍然放在上海。

又过了几天，蔡元培第三次到访。这一次，陈独秀没有推辞，爽快地答应了蔡公的邀请。蔡元培高兴地哈哈大笑，笑声传出了房间，在四合院里回荡。蔡元培细心嘱咐陈独秀："仲甫，你回沪事办妥后，尽快回北京。北京这头你放心，我会尽快向教育部呈文，相信很快就会批准的。你来京住的地方我也会安排的，夫人如一同来那就更欢迎了！"

听闻此话，陈独秀心里十分感动。但是他又有顾虑，还是担心自己没有在大学教过书，也没有什么学位头衔，怕干不好，于是他坦诚地对蔡元培说："我能否胜任，不得而知。我试干三个月，如能胜任，我继续任职。如不能胜任，我再回上海，你看如何？"

"好！就这样吧。"蔡元培望了望陈独秀，笑着说。

陈独秀与汪孟邹一道离京返回上海。到了上海后，汪孟邹把这段佳话讲给了同事、亲戚听。大家听后，都十分佩服蔡元培，感叹道："这很像'三顾茅庐'哩！"

而在陈独秀离京后，蔡元培雷厉风行，于1917年1月11日，以北京大学的名义，致函教育部，提出任命陈独秀为北京大学文科学长，在信函中，蔡元培称赞陈独秀"品学兼优，堪称斯任"。

1917年1月13日，教育部正式批准关于陈独秀的任命，并在校内公示，而此时，距离蔡元培成为北大校长才过去十几天时间。

陈独秀任北京大学文科学长一事，轰动了整个北京，一时间成了人们议论的热门话题。青年学子们纷纷奔走相告，热烈欢迎。陈独秀上任后，也以北大为阵地，继续推动新文化运动，最终形成了一股强大的声势，席卷全国。蔡元培"三顾茅庐"的爱才荐才之举，也被传为佳话。

（吕春阳）

蔡元培就职演说精彩，北大改革大幕拉开

《觉醒年代》第六集有一段情节：北京大学礼堂中，座无虚席，大家兴奋地窃窃私语，期待新任校长蔡元培发表就职演说。蔡元培来到了礼堂，与同人们一一握手后上台，脱稿发表就职演说。蔡元培在演说中强调了三点：一抱定宗旨，二砥砺德行，三敬爱师友。此番演讲获得所有师生起立鼓掌，他们高兴地说，北大的春天就要到来了。

北京大学的前身是京师大学堂，成立于1898年戊戌变法时期，1912年中华民国成立后，改名为北京大学。当时的北京大学，学生多是官僚和大地主子弟。平时，这帮学生带着仆人，抽大烟、搓麻将、吃花酒、逛戏院，无所不为。他们经常为了一些名角争风吃醋，甚至大打出手。北京大学的教师，也多为不学无术、吃饭混日子的人，学问不大，官僚架子却不小。当时盛行"两院一堂"之说，意思是说北大（学堂）和参议院、众议院一样，都是"官僚养成所"。

这种恶劣的校风，成为社会上议论纷纷的焦点。有人将其编成了讽刺歌谣传唱：我把小锣当当敲，北京大学真胡闹，争风吃醋打相打，只好派蔡元培，接管北京大学堂。哎呀！斯文扫地呀！有人怒斥道："泱

泱大国，最高学府，竟养着这样一群败类，这个国家还有什么希望？"

为了改变这一状况，北洋政府大总统黎元洪连续发了三封电报给当时正在国外考察的著名教育家蔡元培，请他回国执掌北京大学。

在1916年12月蔡元培被任命为北大校长之前，北大已换过五任校长，仍未能改变北大的局面。面对着如此腐败不堪的北大，多数友人都劝蔡元培不要去蹚那摊浑水，说北大太复杂，整顿不好反而坏了自己的名声。唯独蔡元培的好友汪大燮，全力支持他接任北大校长。汪大燮对蔡元培说："当今中国，百废待举，开风气之先的，莫过于陈独秀所兴起的新文化运动，最有吸引力的，也莫过于陈独秀所高擎的科学与民主两面大旗。普及科学与民主，根子在教育，你蔡元培要是能借北大这块宝地，改革创新，重振我中华民族就有了依托和希望。"

一席话说得蔡元培心潮澎湃，这与北上之前孙中山先生嘱咐他的话不谋而合。孙中山先生希望他能扭转北大的校风，创建能跻身世界的一流学府，树中国现代教育之旗帜，为国家早点培养栋梁之材。蔡元培激动地说："教育救国、科学救国、人才救国，这正是我蔡元培之追求的理想。"

1917年1月的北京，正值隆冬时节，寒气逼人。一辆四轮马车来到北京大学门口，从车上下来一位精神抖擞的儒雅学者，这就是北大新任校长蔡元培。只见他面带微笑，与前来迎接的人群一一握手，并鞠躬行礼，随后走进了大礼堂，准备发表自己的就职演说。

我今天就要服务于北大，我有三件事要告诉诸君：

一、抱定宗旨。诸君来此求学，必有一定宗旨，须知宗旨，正大与否，必先知大学之性质。大学者，研究高深学问之者也。

现在外面常常有人指责北大之腐败，是因为来此求学者，都抱

有当官发财的思想，以此为捷径。因为一心要做官，一心想发财，所以，从不问教员之学问深浅，唯问教员官职的大小。官阶大的，就特别受欢迎，这大概是为了方便毕业时有人提携吧。我想说的是，诸君来北大求学，三年或四年，时间不谓不多，如能爱惜光阴，孜孜求学，则其造诣定然会很高、很深。诸君来北大求学的宗旨是做官发财，那这个宗旨就错了，求学的路，就必然走偏了。平时冶游，考试来了，才去翻读讲义，不问学问之有无，唯争分数之多寡；考试结束，书籍束之高阁，毫不过问，潦草塞责；文凭到手，即可以此活动于社会，光阴虚度，学问毫无。这是自误啊，这与到北大求学的真正宗旨，是大相背驰的……诸君在这个时候如果不打好基础，勤奋求学，万一为生计所迫，做了教员，则一定会耽误学生哪；你进入政界，则一定会耽误国家呀，这是耽误别人，误人误己。所以，宗旨不可以不正大。这是我希望于诸君者之一。

二、砥砺德行。如今的社会风气啊，越来越苟且敷衍，只顾眼前，道德伦丧、败坏德行的事情，触目皆是，不是德行根基牢固的人，少有不被这种社会风气所污染。各位，国家的兴衰，要看社会风气是高尚还是低劣，如果都流行于这种社会风气，前途不堪设想，所以要有卓越之人，以身作则，尽力去矫正这种颓废的社会风气。诸君皆为大学学生，地位甚高，肩此重任，责无旁贷。如果德不修、学不讲，还与这种颓废的社会风气同流合污，那亦是侮辱自己。更何谈做他人的榜样呢？所以，品行不可以不严谨对待和修养。这是我希望于诸君者之二。

三、尊敬师友、坦诚相见、开诚布公、相互勉励。各位，我们同处北大，要荣辱与共啊。我相信，我们北大一定会是出文化大家、思想大家的地方。

蔡元培的就职演讲，深深打动了在场的所有人。大家用雷鸣般的掌声表达了内心的激动。这篇简短的就职演讲，也成了蔡元培在北大开展整顿的宣言书，北大改革的大幕由此拉开。

蔡元培的改革，首先从整顿教师队伍入手。他提出，要成立校评议委员会，除校长和学科学长外，按照五比一的比例推选出教授代表，担任评议员，凡是北大的各种大事，都要经过评议委员会审核通过。在吸纳优秀人才的同时，裁撤不合格的教员。

当时，北京大学教师中有很多不合格者，包括很多外国教师。蔡元培对此毫不客气，全部辞退，以净化教师队伍。有个英国教师，被辞退后找到英国公使朱尔典，还闹了一场"外交风波"。最后，蔡元培组织北大教授积极应对，成功解聘了英籍教授。这对所有教授产生了无形压力，在北大混日子的时代结束了，再不兢兢业业，"饭碗"不保矣。

除了解聘不合格教师外，蔡元培积极招揽各路英才进入北大。他刚上任几天，便"三顾茅庐"请来了陈独秀担任北大文科学长。为了网罗更多人才，蔡元培还请陈独秀致函在美留学的胡适，约请他来北大任教。胡适虽毕业于美国哥伦比亚大学，但博士学位论文第一次未获通过，他在尚未获得博士学位的情况下，就被蔡元培聘为北大教授。胡适入职北大，为北大带来一股新风，为新文化运动尤其是白话文运动，做出巨大贡献。

蔡元培深谙"不拘一格降人才"的真谛。他招揽八方人才，李大钊、周树人、胡适、钱玄同、刘半农、杨昌济、梁漱溟等著名学者相继来到北大任教。一时间，北大人才济济，很快就成为中国学术精英会聚的殿堂。

蔡元培力推"兼容并包",不搞清一色,他劝拟定文科教授名单的陈独秀,要开阔思路,扩展胸怀,提升眼界。蔡元培提出,我的理想:北大,它要成为群贤必至的学术大舞台,因为只有这样,才能滋生出健康的新文化。新文化不要惧怕保守者的挑战,只有在论战和交锋中,才能使新文化获得丰富与发展,才能扩大新文化的影响;也只有兼容并包,百家争鸣,才有利于提升北大的品格和教学质量。陈独秀对此心领神会,北大文科在聘用大批新派教授的同时,还聘用了辜鸿铭、黄侃、刘师培等一些保守派教授。

蔡元培改革北大,不仅用人上"兼容并包",而且在学术上也实行"思想自由、兼容并包"的办学方针。说起来,这还和一场课堂上的争论有关。北大旧文化代表人物黄侃,因为在课堂上批评白话文与学生邓中夏、郭心刚起了冲突。黄侃滔滔不绝痛斥白话文的行为,引起了邓中夏等有识青年的不满。邓中夏等人以文学应当雅俗共赏来反驳黄侃批评白话诗俗不可耐的言论,黄侃不满邓中夏和郭心刚的言行,将两人赶出教室,还提出召开会议,要求对他们进行处罚。

在会上,对于黄侃的指控,邓中夏提出交流和辩论应当属于学术自由范畴。钱玄同也起身斥责黄侃。他认为该处分的是利用课堂,泄私愤、骂大街,言语粗俗,又恶人先告状,简直愧为人师的黄侃。他提议把黄侃清除出北大。这时,辜鸿铭起身质问:"黄侃出于公心,维护国粹,驳斥异端邪说,何罪之有?"场面一度失控。一方说新文化是异端邪说,一方说宣扬新文化天经地义。就在这时,蔡元培发话了。他肯定争论,认为出了问题,自由讨论,集思广益,这本来就是北大改革的一项举措。蔡元培说:"我以为北大最大的规矩,那就是科学民主、兼容并包。"科学民主,就是人人平等,自由讨论;兼容并包,就是学术观点,畅所欲言。他进一步提出,这才应该是北大的学风。在场的教师和学生,都为校长的话拍手叫好。

在蔡元培主持下，北大有了豪华的名师阵容。既有主张新文化运动的领袖人物陈独秀、李大钊、胡适、周树人，也有主张尊孔复古的辜鸿铭、刘师培、黄侃等。北大，不再是腐朽的官僚养成所，而是实现了教育民主，各种学术流派和学术观点交流、交锋的高等学府。百家争鸣，学术讨论、学术研究、学术交流，蔚然成风。自由、开放的风气，感染着北大人。陈独秀称赞道："这样容纳异己的雅量，尊重学术自由思想的卓见……实所罕有。"

当然，蔡元培所提倡的"思想自由、兼容并包"，也不是一味地迁就、和稀泥，而是在有利于发展学术、促进思想自由的前提下任人唯贤，充分发挥个人所长，互相补充，相辅相成。蔡元培虽然实行"兼容并包"，但他还是积极支持新文化运动。他挑选的北大的骨干力量，都是具有革新思想的人，而不是守旧派。即使在教授中有几个守旧派，蔡元培也都是注重发挥他们的专长，为北大所用，不允许他们阻碍北大的改革。

蔡元培的北大改革，把一个封建习气严重、万马齐暗的旧式学堂转变成为百家争鸣、学术空气浓厚、蓬蓬勃勃的高等学府。广大师生觉悟大大提高，北大成为五四爱国运动的策源地、马克思主义在我国传播的早期基地。

（吕春阳）

一时间北京城满地都是长辫子

　　《觉醒年代》第八集有一段情节：夜晚的北京城门前，灯火通明，戒备森严。一队队手持步枪、脑后拖着长辫子的军队杀气腾腾，鱼贯而入，向着城内开去。领头的军官骑着高头大马，腰挎佩刀，趾高气扬。随后，北京城一夜之间，满地都是拖着长辫子的人，满街都挂上了清朝的黄龙旗。

　　这是怎么一回事呢？为什么都已经是民国了，北京城会出现那么多拖着长辫子的人呢？

　　事情还要从当时的北洋政府大总统黎元洪与总理段祺瑞之间的"府院之争"说起。袁世凯复辟帝制后，仅仅当了八十三天的皇帝，就宣布退位，随后就在全国人民的唾骂之下忧惧而死。袁世凯死后，由黎元洪接任了北洋政府的大总统，段祺瑞担任了国务总理，共同执掌大权。

　　当时的中国，正陷入军阀割据的局面。大总统黎元洪与国务总理段祺瑞，也争权夺利，互不相让，双方关系势如水火，形成了所谓的"府院之争"。当时第一次世界大战正在如火如荼地进行，黎元洪和段祺瑞在参战问题上发生严重对立，段祺瑞主张对德宣战，黎元洪和国会则坚决反对。为了能够打击对方，两人都在极力拉拢各路大小军阀，其中盘踞在徐州地区的军阀张勋，就是他们拉拢的对象。

张勋，字少轩，江西奉新人，于1884年（清光绪十年）在长沙参加军队，因为作战勇敢一路平步青云，当上了封疆大吏。辛亥革命后，他又投靠了袁世凯，率军驻扎在徐州。袁世凯死后，他积极扩充势力，成了称霸一方的大军阀，但是他还是念念不忘复辟清王朝。为了表示效忠清朝，张勋不仅自己留着长辫子，更是禁止手下的士兵剪辫子。因此张勋被称为"辫帅"，张勋的军队被称为"辫子军"。

北京城内黎元洪和段祺瑞之间闹得越来越僵，两人同时给张勋发电报，要求他带着"辫子军"进京调解。黎元洪打的主意是，张勋本来就是找德国人做靠山的，自然反对对德国宣战，只要张勋带着军队一进北京，自己就能依靠武力逼迫段祺瑞下台。可段祺瑞想，张勋历来是赞成帝制反对共和的，他一进北京，黎元洪这个大总统自然是当不成了。张勋接到电报后，大喜过望，他打算伪装成黎、段之间的调解人，率领"辫子军"进京，并掌控北京，这样他就可以趁机实现复辟大清帝国的梦想了。于是张勋一口答应段、黎的邀请，率军北上。

1917年5月下旬，段祺瑞策划武力推翻黎元洪并解散国会，黎元洪得到消息，先下令免去段祺瑞的国务总理职务。段祺瑞只好退居天津。张勋率"辫子军"到达北京后，立刻撕下调停的假面具，赤裸裸地用武力威胁黎元洪三天之内解散国会，否则就要打进北京。黎元洪本想请张勋来给自己撑腰，没想到却请来了一个"瘟神"，无奈之下，只好下令解散国会。

6月30日晚，张勋率领五千"辫子军"闯入北京，占领了各处交通要道，实行全城戒严。黎元洪得到消息，跑到了位于东交民巷的日本使馆避难，而张勋则率领一帮保皇党，如康有为、王士珍、辜鸿铭等人，

连夜进宫去拜见此时已经被废除帝位的溥仪。

《觉醒年代》中关于张勋复辟的故事，就从这里开始。

张勋来到紫禁城养心殿，见到了已经穿戴整齐的溥仪，立刻跪下来，行三跪九叩大礼，给溥仪请安。随后他带着哭腔痛陈这共和办得让百姓遭殃，只有皇上重新登基，万民才能得救。

年幼的溥仪看着一旁大臣的眼神示意，一切似乎都安排妥当，溥仪按照大臣教的那样说："既然如此，我就勉为其难吧！"于是顺水推舟答应了下来。随后溥仪发布即位诏，宣告复辟。他还大举封官授爵，恢复清朝旧制，张勋被封为议政大臣兼直隶总督，成为这个小朝廷的实际掌控者。

张勋复辟的消息一传开，北京城内的遗老遗少们弹冠相庆，立刻活跃起来。他们纷纷从箱子里面翻出清朝的衣服，穿戴起来，招摇过市。有的没有清朝衣帽，就去旧衣店里花大价钱购买；有的人辫子已经剪了，就纷纷购买用马尾巴做成的假辫子戴在头上，摇摇摆摆，丑态百出。

张勋的"辫子军"也满大街巡查，要求各家各户都要悬挂清朝的黄龙旗。一时间，北京满地都是长辫子，满街飘扬着黄龙旗，好像一夜回到了大清朝。

但是，此时已经受共和思想洗礼的人们，再也不愿意看到复辟这出丑剧了。北京大学的学生们首先行动了起来，在李大钊等人的带领下，他们散发传单，举着小旗，在街头游行示威，高呼"反对复辟、维护共和"的口号。

随后，李大钊在街头发表了慷慨激昂的演讲，对张勋等人搞复辟的无耻行径大加痛斥："同胞们，逆贼张勋，冒天下之大不韪，携五千'辫子军'闯入我京师，悍然发动政变，复辟了那个已经死了六年之久的腐朽的清朝政府。同胞们，在去年，我们的民国就已经被窃国大盗袁世凯蹂躏过一次了，那么现在，这群肮脏的、无耻的'辫子军'又一次用卑鄙的手段蹂躏了我们的民国。同胞们，他们可以掐死我们的民国，但是他们掐不死民众内心当中的共和；他们可以挡住天上的太阳，但是他们无法挡住民主的光芒。京师是首善之地，我们绝不能允许那些前清的遗老遗少们戴着马尾巴做的假辫子，在这儿招摇过市。我们也绝不能允许张勋复辟的阴谋得逞！"

张勋复辟的行径不仅遭到以北京大学学生为首的进步青年的强烈反对，连政府里的人也纷纷宣布辞职，表示绝不与张勋同流合污。在剧中，蔡元培气愤地拍着桌子，大喊自己要抗议、要辞职。时任教育部佥事的周树人，扶着一块木牌站在教育部门口，上面用白话文写着三个大字"不干了"。

张勋复辟，遭到全国人民的一致谴责。社会各界纷纷声讨张勋倒行逆施的行为，全国各地尤其是南方各省省会，召开万人大会，各家报纸发表大量文章，一致声讨张勋复辟。身在上海的孙中山，闻讯后极为愤慨，他立即会同章太炎、唐绍仪、程璧光等人，向全国通电，发表讨逆宣言，宣布与复辟势力不共戴天，随后乘军舰南下广州，准备组织武力讨伐张勋。

此时，已经达到解散国会、把黎元洪赶下台目的的段祺瑞，摇身一变，成了拥护共和的"急先锋"，他打出"再造共和"的旗号，在天津组织"讨逆军"，自任总司令，宣布武力讨伐张勋。

段祺瑞的"讨逆军"分别从保定和天津向北京进发，很快就打到了北京城下，炮声响彻了北京城。此时，张勋的"辫子军"人心惶惶，兵无斗志，面对段祺瑞军队的进攻一触即溃。有的举起白旗投降，有的剪掉辫子扔掉枪支逃命。原本那些遗老遗少们，又急慌慌地跑去旧衣店，要求退掉刚买的清朝衣帽，其中一些胆小的人，立刻扔掉了头上的假辫

子，一时间北京的街道上到处都是丢弃的发辫。

段祺瑞打败辫子军后，黎元洪从日本使馆中出来了，但是他在这场政治斗争中落败，不好意思再当这个大总统。他无奈之下只好宣布辞去大总统的职务，由副总统冯国璋代行总统职务。段祺瑞重新担任国务总理。

这场复辟闹剧的主谋张勋，自知大势已去，在段祺瑞进城当天，就仓皇逃到了位于东交民巷的荷兰使馆里躲藏起来，一帮保皇党也随之作鸟兽散。在这种情况下，"皇帝"溥仪不得不再次宣布退位，这场令人啼笑皆非的复辟闹剧，仅仅持续了十二天，就宣告破产了。

（吕春阳）

河北汉子李大钊只身下江南

《觉醒年代》第九集，有一段情节：陈延年、陈乔年正在上海街头摆摊卖杂志，突然汪孟邹派人把他们叫回了亚东图书馆。当兄弟俩刚刚跨入家门时，李大钊突然出现在他们面前，这给了延年、乔年兄弟一个大大的惊喜。

李大钊怎么会突然来到上海？中间又发生了什么事？故事还要从《甲寅》杂志说起。

李大钊从日本回国后不久，章士钊邀请他到自己办的《甲寅》做编辑。这本杂志是一个鼓吹新文化、反对旧文化的革命刊物。章士钊在日本时就与李大钊相识，知道他是一个深明大义的爱国志士，又是一个编辑刊物、撰写文章的高手，于是聘请他和高一涵为《甲寅》的编辑。李大钊接受了章士钊的邀请，全身心投入《甲寅》的编辑工作中去，用他犀利的笔触抨击腐朽的社会。

正当《甲寅》蒸蒸日上、影响力越来越大的时候，发生了一件大事。作为保皇派代表人物的康有为，发表了一篇谬论，主张定孔教为国教，并将其列入宪法。这引起李大钊的愤怒，他立刻在《甲寅》上发表了一

篇名为《孔子与宪法》的文章，对康有为的主张大加驳斥。

李大钊指出，孔子是"历代帝王专制之护身符"，如果将其纳入国家根本大法——宪法当中，就会使宪法成为"野心家利用之宪法，非为平民百姓日常享用之宪法"。随后，李大钊在《甲寅》上发表多篇文章，倡导民主主义，抨击封建主义及旧文化、旧思想。李大钊不回避政治，他在文章中对当时的政治制度进行了深刻的批判。这引起北洋政府和封建势力的极度不满，他们对《甲寅》和李大钊恨之入骨，于是派人砸毁了编辑部，妄图以此恐吓李大钊等人，让他们"闭口"。

李大钊等不畏强暴与《甲寅》的同事们顶着压力继续办杂志，发文章，针砭时弊，抨击北洋军阀的残暴统治。就在此时，张勋"辫子军"入京，上演复辟闹剧，激起人民义愤。在北京街头，李大钊带领学生高呼"反对复辟、维护共和"的口号，进行游行示威。他当街发表演讲，痛斥张勋复辟。张勋的"辫子军"全城搜捕李大钊。为了躲避追捕，李大钊整理行装离开了北京，乘船来到了上海。

临行前，李大钊抚今追昔，思绪翻腾，感慨不已，于是提笔赋诗一首，以抒发心中的情感，诗云：

英雄淘尽大江流，歌舞依然上画楼。
一代声华空醉梦，十年潦倒剩穷愁。
竹帘半卷江天雨，蕉扇初迎海外秋。
忆到万山无语句，只应共泛五湖舟。

写完诗后，李大钊又题词"铁肩担道义，妙手著文章"，以表达自己同封建势力战斗到底的决心。

1917年7月，李大钊冒着酷暑，满怀忧愤的心情，离开了古城北京，只身踏上了南下之路，来到上海。他徜徉于黄浦江畔，回想起中国自辛亥革命以来虽然推翻了延续两千多年的封建帝制，但由于革命的不彻底，令中国掉入军阀混战的泥淖，中华民族仍然在水深火热中挣扎呻吟，百感交集。于是，他下定决心，要在江南广泛深入社会底层，考察国情，清理思想，寻找新的救国之路。

在考察期间，李大钊逐渐认识到，在中国建立资产阶级共和国的方案是行不通的。从张勋复辟就可以看出，仅仅靠移植西方政治制度的方法难以救中国。要从根本上改造中国，除了文化觉醒和思想启蒙外，还要倾听大众的呼声，找到符合中国实际的革新之路。

经过一段时间的思考，李大钊又拿起了笔，发表了《辟伪调和》等一系列辛辣、犀利的文章，集中火力批判军阀政客和改良主义，深刻剖析中国的社会和国情，对解决中国问题进行新的探讨。随后，李大钊又对伪国家主义进行批判，对段祺瑞借张勋复辟赶走黎元洪，自己独揽大权进行辛辣的讽刺，对段祺瑞拒绝恢复国会、讨伐孙中山等倒行逆施的行为进行尖锐的批判。李大钊认为，对于像袁世凯、段祺瑞这样的反动暴力统治，公民有革命的权利。这样的观点，在当时的社会上可以算得上是石破惊天，为在迷茫中苦苦求索的中国人民找到了一丝曙光。同时，李大钊也开始丢弃对西方民主制的幻想，这为他日后走上革命道路奠定了思想基础。

1917年11月初，李大钊来到了南京，见到了老朋友白坚武。老友相见，分外亲热，白坚武张罗着请李大钊吃饭。此时，白坚武正在江苏督军李纯手下担任重要职务。席间，白坚武试探着对李大钊说："守常，你的才学，李督军非常欣赏，眼下时局纷乱，北京更是虎狼之地，你既然已经离开，就留在南京，施展自己的抱负吧！"

原来，白坚武非常钦佩李大钊的才学，于是在江苏督军李纯面前大

力举荐这位老朋友。李纯也早就听闻李大钊的大名，非常希望网罗这位英才为自己所用，于是就委托白坚武表达这个意思。李大钊听到白坚武这句话，何尝不知这是出于老朋友的关心。但是他心中已有决断，不愿意为功名利禄而忘却自己救国救民、开启民智的本心，可又不忍心拒绝老友的盛情邀请，于是低头不语，陷入沉思。

白坚武见此情景，也没再坚持。因为他知道李大钊的性格，既然已经认定了一条道路，就绝不会为高官厚禄所动摇。于是白坚武与李大钊谈起了往事，两人把酒言欢，喝得酩酊大醉。

但是，江苏督军李纯不甘心就这样放走了李大钊这样一个世间少有的英才，于是第二天特意面见李大钊。一见面，李纯就拉着李大钊的手，亲热地说："久闻守常先生大名，今日一见实乃三生有幸。江南此处，风景胜于北方，更兼人文荟萃，守常先生在此必能大展宏图，还希望守常先生不要推辞！"

李大钊决心已定，自然不会因此动摇，但他不愿意当面拒绝别人的好意，于是推说自己需要考虑一下，便起身告辞。

又过了一天，白坚武来见李大钊，带来了李纯聘任他为督军府法律顾问并委派他前往日本考察的消息。李大钊对白坚武说："白先生，我约您出来，是想跟您告辞的，因为我要回北京了！"这让白坚武十分惊讶。他问道："这兵荒马乱的年头，回北京干什么？"白坚武还以为李大钊放不下家人，于是就告诉他："我已经和李督军说了，把你的家人全都接到南京来，这可是千载难逢的好机会呀！"李大钊微微一笑，对白坚武说："我曾经立过誓，此生绝不为官，而且眼下国难当头，我还是做一点我觉得有意义的事情吧！"说完，就与白坚武辞别，准备返回北京。

就在此时，章士钊的信到了，信中声称已经向北京大学校长蔡元培推荐其为北大图书馆主任，催促李大钊迅速北上。此时张勋复辟的闹剧早已结束，李大钊已无人身危险，何况北大已成为新文化、新思想的策源地，于是李大钊欣然接受邀请，回北京到北大任职，投入新的战斗。

（吕春阳）

"三只兔子"闹北大

《觉醒年代》第十集，有一段情节：从美国学成归来的胡适，到北京大学报到，见到了久仰大名的陈独秀。陈、胡二人一见如故，陈独秀以老北京涮肉招待，两人大快朵颐、相谈甚欢。胡适表态，要追随陈独秀，成为一头弘扬新文化的徽骆驼。正在此时，蔡元培听闻胡适到达的消息，也立刻赶来，并打趣说："我听说有两只兔子在吃窝边草，我这只老兔子就赶来，也打个牙祭哟！"话音刚落，三人哈哈大笑。

为何蔡元培称陈独秀、胡适二人为"两只兔子"，并自称"老兔子"呢？

北大成为新文化运动中心之后，社会上就流传这样一句话：北京大学的"闹猛"，就是因为有"三只兔子"。所说的"三只兔子"，指的就是北京大学校长蔡元培、文科学长陈独秀、文科教授胡适。蔡元培生于清同治六年（1868年1月11日），陈独秀生于清光绪五年（1879年10月9日），胡适生于清光绪十七年（1891年12月17日），按照干支纪年法，这三年都是"卯年"，因此他们三个人的属相都是"兔"，时人戏称他们是北大的"三只兔子"，其中"老兔子"是蔡元培，"中兔子"是陈独秀，"小兔子"是胡适。

在蔡元培之前，北京大学校长这个"烫手山芋"已经在多人手中流转，但是都无力改变学校的不良风气。面对这种情况，蔡元培激流勇进，抱着"我不入地狱，谁入地狱"的献身精神，毅然答应就任北京大学校长一职。蔡元培对北京大学进行了大刀阔斧的改革。他高举"民主"与"科学"两面大旗，提出"思想自由，兼容并包"的八字办学方针，倡导新思想、新学术，为新文化运动的开展创造了条件。同时，他还实行"民主办学"的原则，建立以校评议委员会、学长制为中心的新教学体制，改革旧有的学制和课程，积极发挥学生的主动性和创造性。蔡元培还以敢为天下先的勇气，在北京大学首次招收女生入学，实行男女同校，积极鼓励学生创办各种社团，进行独立思考、自由讨论，倡导美育、德育和智育的全面发展。

北京大学在蔡元培的领导下，由一所积弊缠身的旧式学堂，变成了一所生机勃勃的新式大学。一时间，北大大师云集，新思想与旧思想并存，白话文与文言文对垒，流派纷呈、百家争鸣。北大教授们的观点时常对立，如辜鸿铭、黄侃与钱玄同、胡适等人，就对使用白话文还是文言文进行了激烈的争论，但恰恰是这种争论，使得北大成为一个融合中外文化、包容各路学说的场所，形成了一种自由的空气，显示出了极大的活力。

蔡元培对北大的改革，不仅影响了这所中国最高的学府，同时还更深刻地影响了中国的教育、思想、文化和学术的发展，具有极为重要的意义。

了解蔡元培的人都知道，蔡元培身材不高，但行动敏捷。最重要的是，蔡元培拥有识人的慧眼和容人的雅量，不仅会"三顾茅庐"、礼贤下士，同时对任何意见、批评和建议，都乐意倾听、接纳，可谓是一只沉稳、善良的"老兔子"。

如果说蔡元培是北大改革的主帅，那么陈独秀就是北大改革的"急先锋"。陈独秀当年进入北大，就是蔡元培极力邀请的结果。面对蔡元培的"三顾茅庐"，陈独秀被深深感动了，决定就任北大文科学长，并且将自己创办的《新青年》编辑部也迁至北京。

陈独秀就任北大文科学长后，建议蔡元培改革北大首先从文科着手。随后，陈独秀协助蔡元培全面整顿，多方面招揽人才。不久，北大文科就延请了一大批名家学者前来任教，极大地改变了北大文科的面貌。

除了协助蔡元培整顿北大，陈独秀还丝毫不放松《新青年》宣传新思想、新文化。陈独秀就任北大文科学长后，《新青年》编辑部也迁到陈独秀在北京的家中，陈独秀以北大文科学长的身份，动员北大的教授们，把《新青年》变成了同人编辑的刊物。从此，北大成为新文化运动的中心，《新青年》成为新文化运动的主阵地，陈独秀也当之无愧地成为新文化运动的旗手和主帅。

随后，北大成为五四运动发祥地，陈独秀是"五四运动时期的总司令"，可谓是一只精力充沛、迅猛异常的"中兔子"。

如果说陈独秀是一只雄姿英发的"中兔子"，那么胡适就是那只敏捷机灵的"小兔子"。说起来，胡适来到北大与陈独秀也是分不开的。陈独秀就任北大文科学长后不久，就向身在大洋彼岸的胡适发出了邀请，聘请他为北大文科教授。

其实，陈独秀与胡适神交已久，胡适在《新青年》上发表的《文学改良刍议》一文，深得陈独秀赞赏。陈独秀把胡适引为自己推动新文化运动的知己，对其才华佩服不已，因此极力邀请胡适回国担任北大教授。

1917 年 7 月，学有所成的胡适回到了中国，同年 9 月，正式受聘担任北大教授，同时被选入校评议委员会，时年 26 岁。当时北大，以辜鸿铭、黄侃、刘师培等为代表的一批守旧派人物，对胡适很不服气，他们找到蔡元培讨说法。

黄侃首先说道："那胡适是何许人也，其不过是一个刚刚毕业的学生。我北大乃中国堂堂最高学府，焉能用一个只会唱几句不伦不类童谣的后生做评议委员？"辜鸿铭对此也很不满，他自夸自己年少留学，精通九国外语，若他都不能当选评议委员，这胡适又何德何能。这时候，蔡元培说话了。他对黄、辜二人说，胡适在青年中呼声颇高，要不拘一格降人才。蔡元培还说，准备让胡适做一个演讲，他的学术水平如何，到时候几位大师去听听就能了然于胸。辜鸿铭立刻答应，说自己一定要听听这胡适的演讲，看看他的能耐。

几天后，蔡元培召开了开学典礼，邀请胡适登台演讲，演讲的题目是《大学与中国高等学问之关系》。胡适用英语说了一句《荷马史诗》中的名言"如今我们回来了，请你们看分晓吧"，准备以此开始演讲，不料却被辜鸿铭打断了。辜鸿铭起身，用流利的希腊语也引用《荷马史诗》中的话，并指责了胡适英语发音不够纯正，是英国下等人用的发音，企图给胡适一个下马威。

胡适有谦谦君子之风，他不慌不忙，笑着感谢辜鸿铭的教诲。紧接着，胡适表示自己不在乎这句话的语音、语调，也不在乎发音，而在乎的是它所表达的内容。胡适说："这句话，也是我想送给在座的每一位；这句话也是我们北大学人对一个旧的中国、一个旧的文化的宣言，也是我们对办好新北大的一个郑重的承诺。"胡适在演讲中谈到北大在乱世中应当如何自处时，他表示自己愿意用一张苦口、一支秃笔，献身于北大迈向世界著名大学的进程。此番壮志，令全体师生动容。

随后，在北大任教的时间里，胡适创办了哲学研究所，开设《中国哲学史》课程，受到了青年学生的热烈欢迎。同时，胡适也继续在《新青年》杂志上大力倡导新文化运动，大力推广白话文，写出了一篇又一篇精彩的文章和一部又一部著作。如历史上第一部白话文诗集《尝试集》、第一部白话文剧本《终身大事》等。同时，在哲学领域，胡适所著的《中国哲学史大纲》，出版后轰动了整个中国，在不到三年的时间里，七次再版，胡适也因此名声大噪。

作为新文化运动的一员主将，胡适直接引领了北大的思想文化风气。他提倡的白话文运动，掀开了中国文化史上的新篇章，对于打击旧思想、旧文化，推广民主与科学，具有十分重要的积极意义。

"三只兔子"相会于北大，又共同推动了北大的浴火重生。在蔡元培、陈独秀、胡适的带领下，北大人才济济、气象更新，新文化的潮流在此形成，澎湃激荡，以不可阻挡之势，涤荡一切旧文化、旧思想，而新世界也在这股激流中孕育、成长，不久将迎着黎明的曙光呱呱坠地。

（吕春阳）

周树人为北大设计了一枚新奇的校徽

《觉醒年代》第十集，有一段情节：北大文科办公室内，钱玄同手执一张图样，向大家展示周树人为北京大学新设计的校徽。周树人，原名周樟寿，后改名周树人，字豫山，后改字豫才，浙江绍兴人。他就是后来大名鼎鼎的鲁迅。众人议论纷纷，都称赞周树人设计的校徽立意深远、蕴含丰富、简洁大气、超凡脱俗，是不可多得的精品，但是遭到了以刘师培为代表的守旧派的反对，新派和守旧派两拨人马又开始争论了起来。

那么，是谁让周树人为北大设计这枚校徽的呢？这枚校徽又蕴含着什么样的意义呢？

原来，蔡元培就任北京大学校长后，深感北京大学没有自己的专属标志，北大学子不能为之感到自豪，也不能被激励而产生责任担当精神。同时，经常有社会上的闲杂人等混入校园滋事，扰乱教学秩序，因此萌发了设计一枚校徽的想法。

这个想法在当时的中国十分新鲜，此前并没有任何一所大学设计过自己专属的校徽，北大可谓是独树一帜。让谁来承担设计重任呢？蔡元

培把目光投向了自己的同乡兼好友——周树人。

蔡元培与周树人都是浙江绍兴人，他们之间的交往很早就开始了。

1902 年，为了寻求真理，周树人东渡日本留学。在日本，周树人经人介绍，加入了反清革命组织光复会，而蔡元培此时正担任光复会的负责人，身在上海。两人虽然远隔重洋，但是已经神交已久。

辛亥革命后，中华民国南京临时政府成立，蔡元培被孙中山任命为教育总长。蔡元培就任后，开始多方延揽人才，邀请周树人的好友许寿裳到教育部任职。不久，许寿裳向蔡元培推荐了周树人。蔡元培大喜过望，立刻写信给身在家乡绍兴的周树人，邀请他来教育部任职。就这样，周树人从绍兴进入教育部，开始了他长达十四年的公务员生涯。

周树人来到教育部后，与蔡元培交往频繁，友谊日深。对此周树人的夫人许广平曾回忆："蔡先生文章道德，海内传颂。鲁迅先生一生，深蒙提携。" 周树人从 1912 年 5 月开始记日记，直到逝世未曾间断。在这长达二十四年的日记中，提到蔡元培的就有五十多次，两人还有大量的书信往来，可见两人友谊之深厚。

蔡元培委托周树人为北大设计校徽，既是看重周树人的思想深度，也是看重周树人的美学功底。蔡元培知道，周树人虽然没有专攻美术，但是他自幼喜爱美术，有着很好的美术素养。周树人少年时期就喜欢描摹小说当中的绣像，长大后到日本学医，也曾学习过绘制人体解剖图，有很好的美术设计基础。同时，周树人也对美育思想十分了解，在任职教育部期间就发表过专门的文章，论述自己对美学的看法，阐述了中国需要进行美育教育的观点。这与蔡元培的思想十分契合。蔡元培自己就是美学大家，毕生注重美育教育，提倡"以美育代替宗教"。正是由于周树人不俗的美学功底，以及蔡元培与周树人在美育方面的心灵相通，蔡元培毫不犹豫地把设计北大校徽的重任托付给了周树人。

　　蔡元培情真意切地对周树人说："豫才，我相信你为北大设计的校徽，北大的学子会世世代代地佩戴下去，永不褪色！"

　　面对蔡元培的殷殷嘱托，周树人勇敢地承担下这个艰巨的任务。他用了整整四个月的时间，为北大设计出一枚极具特色的校徽。他设计的这枚校徽造型，构图采用中式印章的格式，笔锋圆润，笔画安排均匀，简洁大气，线条流畅，造型紧凑有力，透露出浓厚的书卷气和文人风格。校徽是中国传统的瓦当形象，"北大"两个篆字上下排列，上部的"北"字，是背对背侧立的两个人像，下部的"大"字，是一个正面站立的人像，有如一人肩负着两个人，也就构成了三人成众的意象，含有"北大人肩负着开启民智的重任"的寓意。同时，校徽把"北大"两个字设计成脊梁骨的形状，寄托着北大人要成为国家民主与进步的脊梁和希望。

　　这个校徽设计，紧扣着"以人为本"的设计理念，体现了新文化运动中中国先进知识分子高举民主与科学大旗，提倡新思想、新文化的意蕴，同时也与蔡元培在北大提倡的"思想自由，兼容并包"的教育改革理念相契合，蕴含了蔡元培与周树人一致的文化追求。

　　但是，就是这样一枚设计新颖、含义深刻的校徽，还是遭到了北大校内守旧人物的反对。以刘师培等人为代表的守旧派，表示众人的看法是牵强附会，并声称这个设计是西洋风格，太抽象，不能反映出北大的精髓。刘师培反问道："北大者，上承太学正统，下立大学祖庭，是传承我们中华文化传统的最高学府，需要用这种西方的奇技淫巧来体现吗？"

　　虽然守旧人物看不惯这枚新奇的校徽，但是这个设计一经提交，就受到广大师生的热烈欢迎，蔡元培见到后也是击节赞叹，立刻拍板采用。

　　周树人设计的这枚校徽，成为北京大学的经典符号，一直佩戴在北大师生的胸口。这枚校徽也跟随一代代北大师生一道站在中国思想启蒙

的前沿，经历了历史风云的变幻和时代大潮的洗礼，直至今天，它依然熠熠生辉！

（吕春阳）

"辫子大师" 辜鸿铭大谈中国精神

　　《觉醒年代》第十一集，有一段情节：北大诸多学生来到蔡元培面前要求解聘帮助张勋复辟的辜鸿铭。对此，北大校评议委员会有两种不同的声音。蔡元培见状，对大家说要和辜鸿铭谈话，若他的课再无质量便再行解聘。谈话中，蔡元培说评议委员会还是决定给辜鸿铭一个月的时间，让学生回到他的课堂，否则就只能解聘。听到此，辜鸿铭哈哈大笑，称他要开讲题为《论中国人的精神》系列讲座，并立下誓言：若仍无学生来听，他就自行辞职。

　　辜鸿铭是何许人也？他为什么对他所主讲的《论中国人的精神》有如此大的自信呢？

　　辜鸿铭，原名辜汤生，字鸿铭，祖籍福建省同安县，1857 年 7 月生于马来西亚槟榔屿。辜鸿铭的父亲是华人，母亲则是西方人。1867 年，年仅十岁的辜鸿铭踏上了前往英国的轮船，准备前往英国学习。临行前，他父亲把他带到祖先牌位前，焚香告诫他："不论你走到哪里，不论你身边是英国人、德国人还是法国人，你都不要忘了自己是中国人！"

　　带着父亲的嘱托，经过漫长的旅途，辜鸿铭终于抵达了英国。在英

国，年幼的辜鸿铭如饥似渴地学习文化知识，他还曾前往德国学习科学，后来又回到了英国学习。他以优异的成绩被著名的爱丁堡大学文学专业录取，并得到校长，即著名作家、历史学家、哲学家卡莱尔的赏识。

1877 年，辜鸿铭获得文学硕士学位后，又赴德国莱比锡大学等著名学府研究文学、哲学。经过刻苦的学习，辜鸿铭掌握了英文、德文、法文、拉丁文、希腊文等九种语言，获得了文、哲、理、神等十三个博士学位。他用英文写的文章，连英国人都赞叹不已，认为有维多利亚时代的风味，可以和英国的大文学家相比肩。

完成学业后，辜鸿铭先是回到了马来西亚，结果偶遇了语言大师马建忠。经过与马建忠的深谈，辜鸿铭很受震动，思想发生了重大变化，认识到中国传统文化的博大精深，于是决心返回中国，潜心研究中国传统文化。

回国后，辜鸿铭先是在湖广总督张之洞手下担任幕僚。在这期间，辜鸿铭一边帮张之洞处理洋务事宜，一边钻研国学，很受张之洞的器重。随后，辜鸿铭又北上京城，在清朝的外务部任职。

1911 年辛亥革命爆发后，辜鸿铭辞去了公职，1915 年被聘为北京大学教授，主讲英国文学课程。辜鸿铭虽然在北京大学当教授，但是政治上一直以清朝遗民自居。他经常对人说，自己是"生在南洋，学在西洋，仕在北洋"。在北大的校园中，辜鸿铭还是一副清朝时的打扮，头戴瓜皮小帽，身穿长袍马褂，最引人注目的是他依然保留着头上那根辫子，并且整日带着辫子在北大校园内摇摇晃晃，丝毫不在意别人的目光。

虽然辜鸿铭整日带着他那根辫子，然而实际上，他学贯中西，是清末民国时期精通西洋文学、语言和中国传统儒学的第一人。他虽然十分熟悉西方文化，熟读莎士比亚、培根等人的作品，但是在潜心精研国学后，有了一个比较，因此产生了一个持续终身的看法，那就是儒家学说之仁义之道可以拯救世界弱肉强食竞争中出现的冷酷与毁灭。辜鸿铭相信，正被国人摒弃的传统文化，恰是拯救世界的良方，而儒学即这个文化精髓所在。

因此，自 1883 年开始，辜鸿铭就走上了宣扬中国文化、嘲讽西学的道路。他不仅在英文报纸《字林西报》上发表题为《中国学》的文章，还将《论语》《中庸》《大学》等儒家经典译成英文，相继在海外刊载和印行。应该说，在他之前，还没谁更系统、完整、准确地向域外有意识地传输国学典籍，鼓吹中国传统文化。

1909 年，他的英文著作《中国的牛津运动》出版，在欧洲尤其是德国产生巨大的影响，被译成了多国语言刊行，一些大学哲学系将其列为必读参考书，多位哲学家将其书作为权威著作加以拜读。

1915 年，辜鸿铭又出版了《中国人的精神》一书。此时，第一次世界大战正在激烈进行。惨烈的战争将西方社会的社会矛盾暴露无遗。因此，面对当时西方列强对中华民族的欺凌和对中国文化的歧视，辜鸿铭阐述了中华民族的精神和中国文明的价值，同时也对西方文化的劣根性进行了辛辣的嘲讽，提出中国文化才是拯救世界的灵丹妙药。

此书一经出版，就以其独特的观点、辛辣的语言在西方世界引起了极大的轰动。西方一些著名的思想家、文学家，如毛姆、托尔斯泰等，纷纷给辜鸿铭写信，与他探讨问题，印度大诗人泰戈尔也曾慕名拜访辜鸿铭。

辜鸿铭在西方如此出名，因此当时身在中国的外国人纷纷请他到位于北京东交民巷使馆区的六国饭店讲课，并且指名要听他讲《中国人的精神》。辜鸿铭毫不推辞，经常用英语讲演《中国人的精神》，而且还立了一条规矩，外国人听他讲课，不但要买票，票价还不能低于两块大

洋。当时，就连"四大名旦"之首的梅兰芳，每张戏票价格也才一块大洋左右。就这样，辜鸿铭的讲座还是一票难求，十分叫座。后来，西方都流传着"到北京可以不看紫禁城，但不可不看辜鸿铭"这样一句传闻，这也足见他在外国人心目中的影响。

正因为如此推崇中国传统文化，推崇儒家学说，辜鸿铭在北大时期，成为北大守旧派的代表人物。他经常与陈独秀、钱玄同、胡适等新文化运动的主将发生争论，特别是对胡适提倡的白话文运动嗤之以鼻。辜鸿铭不仅经常在课堂上大骂新文学，还在胡适演讲的时候嘲讽他的英语发音是英国下等人的发音。辜鸿铭的言行，与当时北大大部分师生呼吁新思想、新文化的氛围格格不入。

张勋复辟失败后，有传言说辜鸿铭帮助过张勋复辟，因此北大很多师生向蔡元培呼吁：辜鸿铭是死硬的守旧派、保皇党，要求解聘他，并且举报他上课敷衍塞责，不好好讲授，一学期才讲授六首英国诗，把时间都用在了大骂新文化运动上，导致学生们根本就不愿意听，课堂里经常只有一两个学生，教学质量极差。

面对大家一致的呼声，蔡元培还是秉承北大"思想自由，兼容并包"的办学方针，认为不能仅凭传言就解聘教授。只要辜鸿铭不在课堂上宣扬复辟思想，只是提倡传统文化，就依然可以在北大继续授课。面对学生们反映的辜鸿铭上课的问题，蔡元培劝诫辜鸿铭，必须让学生回到课堂，否则就取消其在北大教书的资格。

面对蔡元培的劝诫，辜鸿铭哈哈大笑。他立即说："不就是让学生都来听我的课吗？这太简单了。从下个星期开始，我要在北大办一系列的讲座，题目就是《论中国人的精神》。到时候如果没有学生来听课，我不用学校解聘，我自己辞职！"

几天后，辜鸿铭的讲座正式开始了，场馆里座无虚席，包括陈独秀、胡适等人都来了，大家都想看看辜鸿铭是如何演讲的。

辜鸿铭不慌不忙地走上了讲台。他刚上台，大家看着他那摇晃的辫子，都哄堂大笑了起来。可是辜鸿铭毫不在意，反而对着台下的人说道："诸位同学，我知道你们笑什么——笑我头上这根辫子，你们看！"说着，他又转过身去，向大家展示头上那根标志性的辫子。

底下的人又再一次哄笑了起来。辜鸿铭又开口了："辫子有什么好笑的呀？这是我们中华文化一条斩不断的根，在座的各位同学，不管你们愿不愿意听，只要你们承认自己是中国人，就要依附于这条辫子，只不过我们不同的是，我的辫子是有形的，顶在头上，你们的辫子是无形的，藏在心里。"

此话一出，满堂皆惊。大家收起了刚才的笑容，纷纷沉思了起来。

辜鸿铭紧接着说："千万不要以为我们割掉了毛发，穿上了西装，满嘴的英语，洋人就会高看我们，恰恰相反，当一个中国人西化成一个洋人的时候，恰恰会引起他们的蔑视。只有让他们看到，我们中国人有着他们与众不同的文明与精神，他们才会在心里对我们有真正的尊重。"

辜鸿铭的演讲非常流畅："何为中国人的精神？众所周知，在当今的世界上，每一个国家、每一个民族都有自己的精神。比如说美国人，他们纯朴、博大，但是他们不深沉；英国人，纯朴、深沉，但是不够博大；德国人博大、深沉，但是没有纯朴。我听过一些外国朋友跟我讲，他们在中国居住得越久，就越喜欢中国人，这是为什么呀？

"我们中国人，思想、性格有很多的弱点，但是，在我们中国人身上有其他任何民族都没有的、难以言喻的东西，那就是温良。什么是温良啊？温良，不是温顺，更不是懦弱，温良是一种力量，是一种同情和人类智慧的力量。我告诉你们一个秘密，我们中国人之所以有同情的力

量，是因为我们完完全全、彻彻底底地生活在一种心灵的生活里，这就是与洋人不同的地方。中国人的全部生活是一种情感生活，是一种来自人性深处的情感，是心灵的激情和人类之爱的情感。

"为什么与欧洲人相比，我们中国人有惊人的记忆力。因为我们中国人过的是一种心灵生活，心灵，用同情心和心灵的力量来记事，要强于用头脑来记事，后者枯燥无味。我再举个例子，中国人比外国人有礼貌，这在全世界都公认的。礼貌的本质是什么呢？是体谅、照顾他人的情绪。中国人的礼貌是发自内心的，他们懂得自己的感情，他们会将心比心，以己及人，显示出体谅和照顾的特征。当然日本人也讲究礼貌，我个人认为，他们的礼貌是一种没有芬芳的花儿，我们中国人的礼貌是发自内心的，是一种名贵的、散发着芬芳的香水儿。"

台下同学问："辜教授，您的意思是，中国人和外国人的区别，是中国人用心，外国人用脑，对吗？"

辜鸿铭接着说："你可以这样理解。我辜鸿铭生在南洋、学在西洋、娶在东洋、仕在北洋，但是我，是一个堂堂正正的中国人。现在，我就来解开这个秘密。什么是真正的中国人？真正的中国人，是有着赤子之心和成人之思，过着心灵生活的人；中国人的精神，是永葆青春的精神；中国人精神不朽的秘密，就是中国人的心灵与理智的完美和谐。我辜鸿铭将终身致力于弘扬与传播这种伟大的精神，虽九死而无悔。"

辜鸿铭演讲气势恢宏，打动了许多人。这场演讲也让陈独秀等人认识到，提倡新文化运动不能走极端，中国人还是应该对自己的传统文化有自信、有敬畏，这样方能取其精华、去其糟粕，让更多人都认识到中国人自己的精神特质。辜鸿铭的这场演讲，充分展现了他学贯中西的学术功底，产生了很大影响，让北京高校燃起了研究中国人精神的热潮。

（吕春阳）

北大教授团舌战英国公使朱尔典

1916 年，蔡元培担任北京大学校长。当时北京大学校风涣散，学风虚浮，学生不好好念书，只想进入北大镀金，巴结有官阶的师长，找关系，为以后升官发财铺路子。老师不好好教书，不好好做学问，饱食终日，无所事事，浑浑噩噩，给学生授课不知所云，甚至不给学生上课，当挂名领薪水的教授。蔡元培改革北大，整顿校风，整顿学风，整顿教师队伍。蔡元培网罗天下人才到北大当老师，不拘一格，不问出身看学问，不问年龄看风采。聘请没有正规学历的陈独秀担任北京大学文科学长。比如胡适，在美国留学博士学位还没有拿到，就被聘为北京大学教授。这样的例子还很多，这说明蔡元培火眼金睛，是真伯乐，能够发现有学问、有思想的人，愿意找有学问、有思想的人来北京大学任教。与此同时，对那些滥竽充数的教员，不管什么背景，不管什么来路，他一律毫不客气地裁汰。蔡元培聘请教授、裁汰教授，不是一人说了算，而是都经过北大评议委员会集体讨论决定的。其中，有一名英籍教授克德莱也被解聘。克德莱教书不行，但他不是省油的灯，他不服气，更想赖在北京大学拿高薪，不想走人。这位克德莱利用他英国贵族后裔的身份，

闹出一场外交风波。

克德莱直接给英国首相写信，状告北大，说解聘他是违法、违约、歧视外国人。他是被北京政府教育部聘请的教授，北京大学无权解聘他。他要求北大道歉、赔偿，并恢复他及其他外籍教授的职位。英国使馆给北洋政府发了外交照会，要求政府干预，"纠正错误"，不得解聘克德莱。北洋政府怕洋人，召见蔡元培，希望息事宁人，妥善处理。北京大学教授们闻听此事，义愤填膺，招聘和解聘教授是北大的权利，怎么这就成了外交麻烦？英国政府竟然出面横加干涉，真是欺人太甚。

蔡元培被召进外交部。外交总长汪大燮说，克德莱称任教合同是同教育部签署的，四年的合同期未到就被解聘，属于北大单方面毁约。蔡元培说，克德莱不能胜任教学工作，学校就有权利解聘。他教学质量不行，也应算是他毁约在先。汪大燮说，外交无小事，中国已经宣布参加第一次世界大战，我们应当同英国等协约国站在一起，不要为此事招惹麻烦。蔡元培直言，北大改革第一炮就打哑了，那他这校长还怎么当下去？况且，解聘克德莱是校评议委员会的决定，要推翻这个决定，是不可能的。

蔡元培把相关文件拿给陈独秀看，陈独秀气愤地踢翻凳子，要不是蔡元培拦着，他就把英国外交照会撕了。北洋政府指使北京大学要顾全大局，大事化小，小事化了。陈独秀表示，北大绝不能做这种丧权辱国的事情，既然是外交事件，眼下北大一手托着国格、一手托着公理，决不能低头。北大教授们认识到，在这个问题上妥协，就是历史的罪人。

北大决定不妥协，校评议委员会一致决定抗争到底。北大师生给英国使馆写了抗议书，给政府写了公开信，并声称如果事情得不到解决就上街游行，以此给政府施加压力。北大组成教授团，积极准备到英国使馆谈判。克德莱依仗其英国背景，把解聘闹成外交事件，涉及国格人格，在爱国的大是大非问题上，北大教授们同仇敌忾。"新派"的陈独秀、胡适、李大钊与"老派"的辜鸿铭联起手来，共同应对克德莱事件。

陈独秀与辜鸿铭本来是见面就针尖对麦芒的新文化派与保守派，能够联手对外，出人意料。为了国家利益，为了北大利益，陈独秀放下孤傲的身段，请孤傲的辜鸿铭参加北大谈判教授团，辜鸿铭也放下孤傲的身段，愿意参加谈判团。

陈独秀带着胡适、李大钊去听辜鸿铭的课，辜鸿铭在课堂上用英文朗诵《哈姆雷特》，指导学生要有正确的人生观，学好英文以传播中国人的文化和精神。讲课结束，陈独秀拉着胡适、李大钊走到讲台前给辜鸿铭鞠躬致敬，辜鸿铭大感新鲜。胡适说是来向辜鸿铭拜师的，辜鸿铭说拜师要带上拜师礼。胡适说请先生吃饭，辜鸿铭高傲地说不与"数典忘祖、崇洋媚外的人"吃饭。陈独秀坦言这是受蔡元培嘱托，辜鸿铭便答应吃饭，但饭店和酒水要由他定，且要有仆人跟随伺候。陈独秀满口答应。

辜鸿铭定在北京最有名的饭店东兴楼，带了一大帮随从仆人，谱摆得非常大。陈独秀、李大钊、胡适一同来东兴楼赴宴，进门就向辜鸿铭行了清朝的礼，辜鸿铭很是受用，众人按照辜鸿铭的安排依着清朝的规矩落座，辜鸿铭主座，"赏"胡适末座。辜鸿铭还考起了胡适的学问，胡适正要对答，陈独秀使眼色要他装糊涂答不上来，以抬举辜鸿铭。三人一唱一和，把辜鸿铭捧得高高的。

陈独秀说起解聘克德莱的事情，英国使馆给国家和北大出难题，让蔡公很为难。辜鸿铭亦是爱国者，且向来敬仰蔡元培，他立即表示，这件事他绝对不会袖手旁观，要同英国人"血战"到底。众人为辜鸿铭喝彩。陈独秀说蔡公要他们邀请辜鸿铭参加谈判教授团，这令辜鸿铭大为高兴。辜鸿铭说自己十岁就去了英国，十四岁留学欧洲，对洋人的秉性

习惯非常熟悉。他自信满满地说："只要吾一出马，彼必定害怕；吾一开口，彼必定望风而逃。"

陈独秀提醒，这次谈判的首席谈判官，蔡公安排的是胡适教授。辜鸿铭沉吟片刻，仰天长笑："'桐花万里丹山路，雏凤清于老凤声。'也罢，那我辜鸿铭就舍了这张老脸，给你这个白话娃娃当一回军师吧。"

北大新旧两派参加的教授谈判团，就这样组成了。

英国驻华使馆内，英国公使朱尔典等待着北大的教授团。克德莱提醒朱尔典今天北大来的都是新锐教授，个个能说会道，千万不可大意，务必谨慎应对。朱尔典不屑一顾地说："这次北大派出的是一个很奇怪的谈判阵容，新旧两派的领军人物，能在我们这里开一场'文化辩论会'，那将是我们的荣幸。"克德莱问："你是说辜鸿铭？"朱尔典说："据我所知，辜鸿铭可是陈独秀、胡适他们的死对头。"克德莱有点明白了，说："你是说让他们吵起来？"朱尔典不假思索地答："那岂不是一场好戏。"狂妄的英国人能看到这场戏吗？他们的如意算盘能够实现吗？

中英两方谈判代表入座，胡适主谈，他用流利的英语说道："北京大学与外籍教员解除聘任关系，是学校管理中经常发生的一种普遍现象。根据学生举报，北京大学对克德莱先生的教学水平、教学态度和教学行为等进行了调查。调查结果显示，克德莱不仅完全不能胜任教学工作，还存在严重违反校规校纪问题，给北大造成了许多无法挽回的损失。因此，北大评议委员会依据国家和学校制定的相关条例，决定解除克德莱的聘任合同，这是北京大学的内部事务，与英国政府、英国驻华使馆没有半点关系。"

朱尔典不开心地反驳道："胡教授，听您的口气，像是来兴师问罪的。克德莱教授是英国公民，他是经英国使馆介绍给中国教育部去北大任教的。现在他的利益在中国受到了损失，因此英国使馆不能置之不理。

这也是神圣不可侵犯的权利。"

陈独秀愤怒地指出："克德莱先生利益上的损失，完全是他自己造成的，是咎由自取。请问，如果一个英国人，在其他主权国家犯了法，杀了人，当地政府要依法追究他的刑事责任，英国使馆也要提出抗议吗？"

朱尔典认为陈独秀在偷换概念，说："克德莱的任教合同，是贵国教育部签发的，北京大学无权解聘，而且他的任教期是四年，不得无故提前解聘。现在，北京大学单方面解聘，这既越权，又违规，所以我们是合理的，我们应该采取行动，保护我们公民的权利。"

李大钊拿出事先准备好的教育部和北京大学的文件，有条不紊地说："公使先生，恐怕这个问题你们还真的是无权干涉。因为北京大学的做法，完全是合法的。我们带来了几份文件，这是中国教育部和北大颁布的条令条例，足以证明，解聘克德莱先生是合法的 。还有一些文件里边说明了克德莱先生根本无法胜任北大的教学工作，而且严重违反了北大的校规和校纪，这些也足以说明解聘克德莱先生是合理的，甚至是必须的。因此，现在我把这些材料给您过目。"

朱尔典指着辜鸿铭说："辜鸿铭教授，我曾经花两块大洋买门票去听您的讲座。您说过，中国人和欧洲人最大的区别，是中国人像小孩子一样，靠心灵的感觉做事情；欧洲人更像成人，靠成熟的头脑去思考事情。您说得太对了。您看你们的这些文件，太随意了，你们国家随意更换各级领导人，像小孩子玩游戏，每一个新上台的人，都要制定一套规矩，现在你拿出这么多的文件，你让我听谁的？"

辜鸿铭笑道："看来你这两块大洋的听课费算是白花了，我的讲座你根本就没有听懂啊。我还要再提醒你一点，您身上的那种傲慢、偏见与无礼在我们中国人身上是很少发现的。"

朱尔典说："辜教授，我今天不是来听您讲课的，英国是一个尊重

人权、遵守契约的国家，在英国的大学里，绝不会发生这种违反契约、提前裁撤外籍教员的事情。"

辜鸿铭不无讽刺地说："公使先生，看来你是在中国待的时间太长了，把你们自己的历史都忘记了。来，我现在再给你补习一下。"辜鸿铭一一列举了什么时间，英国的爱丁堡大学、牛津大学、剑桥大学等解聘了多少外籍教授、讲师，其中多少是未到聘期的。辜鸿铭反问："你们可以这样做，我们为什么就不行呢？这就是你们奉为神灵的民主、自由和平等吗？"

朱尔典说："现在两国正在协同作战，你们这样做已经影响到两国的合作，你们想过后果吗？你们负得起这个责任吗？"

陈独秀站起来质问："你这是在威胁我们吗？"

朱尔典竟然说："我是要你们正视现实，这件事已经引起了英国首相的关注，贵国总统和总理也在高度关注中，你们如此一意孤行，蔡元培还想不想做这个北大的校长了？"

陈独秀压着满腔怒火说："我们如果可以放弃原则，屈从权势，那今天我们就不来谈判了。"

双方都站了起来，怒目相视。北大教授团不卑不亢地起身离去，把一帮英国人抛在身后。

谈判破裂，朱尔典已无计可施，克德莱表示自己要上法庭。为了先打压克德莱的嚣张气焰，北大将克德莱的丑事张扬出去，舆论都在谴责英方，朱尔典劝克德莱屈服。英方表示尊重北大解聘决定，希望北大做出一点让步，不再扩散事态，给克德莱一些经济补偿。蔡元培认为，北大一旦给了补偿，就等于承认解聘克德莱有问题，又会节外生枝。外交总长汪大燮提出，变通一下，由教育部出资补偿。蔡元培同意，但也提出要求，克德莱必须到北大当着全校师生的面，签署解聘书，以正纲纪。

一场风波，就这样平息了。

（李占才）

文学革命，革谁的命

文学革命，革谁的命？革反对新文学的保守派辜鸿铭、黄侃、林纾的命吗？显然不是。用陈独秀的话说，革新派和保守派的争论只是学术之争，不是敌我之分。革帝国主义的命，革北洋政府的命吗？直接矛头也不是。那到底是革谁的命呢？革"旧文学"的命。旧文学不是源远流长、博大精深吗？为什么要革它的命呢？

《觉醒年代》一开始，李大钊在演说中就高喊：中华民族危在旦夕了。同胞们，你们说，怎么办？面对国家被瓜分豆剖的民族危机，人民仍然生活在水深火热中的悲惨状况，有识之士积极探寻救国救民的道路。

电视剧刚刚开始，陈独秀与李大钊在日本有一段对话。陈独秀："守常，我问你，西方列强瓜分中国靠的是什么？"李大钊："船坚炮利啊。"陈独秀："非也！你说的那是鸦片战争和甲午海事。现在列强瓜分中国靠的是借债。中国政府每年向西方各国借的外债，占国库收入一半以上……"李大钊："正因为这样我们才要倒袁，推翻这个腐朽的统治，建立一个新的国家。"陈独秀："非也！靠政治革命可以救中国？中国的问题积重难返，靠换人、换政府能解决吗？"李大钊："那照您这么说，中国岂不是没有出路了？"陈独秀："有！但出路不是老路，只有找到一条新路，中国才不会亡。"李大钊："何谓老路？"陈独秀："政权更迭，推翻一个旧王朝，建立一个新王朝，循环往复，这是老路。"李大钊问："那何为新路呢？"陈独秀回答不出来。

陈独秀在回上海的船上说："国之所以不昌，在于民智未开。"他到上海不久，便给出他的答案：中国的事情，要脱胎换骨，换人、换脑子。首先要改造中国人的思想，提高中国人的素质；其次要光复中华昔日之辉煌，当务之急就要造就一代新人。即一、思想启蒙；二、改造社会。悠悠万事，千头万绪，唯此两项为大。

为此，陈独秀创办了《青年杂志》，鼓吹新文化、宣传新思想，重塑一代新青年。李大钊说：创造一代新人，新人是什么？新人就是新学生、新工人、新农民，甚至是新官僚，只有各个阶层都改造了，整个社会才能发生质变。他在《青春》中喊出：为世界进文明，为人类造幸福，以青春之我，创建青春之家庭，青春之国家，青春之民族，青春之人类，青春之地球，青春之宇宙。

这与旧文化有什么关系呢？因为旧文化严重束缚了人们的思想。所以，掀起新文化运动的进步知识分子要搞文学革命。陈独秀提出，文学革命有三大主义：第一，推倒雕琢、阿谀的贵族文学，建设平易的、抒情的国民文学；第二，推倒陈腐的、铺张的古典文学，建设新鲜的、立诚的写实文学；第三，推倒迂晦的、艰涩的山林文学，建设明了的、通俗的社会文学。他特别强调："在这个文学革新的时代，凡属贵族文学、古典文学、山林文学，均在排斥之列。为什么呢？因为这三种文学，与我们现在的阿谀、夸张、虚伪、迂腐的国民性，是互为因果的。所以，我们要革新政治，就不得不挖它的根基。"

陈独秀在反驳保守派辜鸿铭时说："《新青年》提出的砸烂孔家店，砸的不是孔子儒学，砸的是孔教的三纲五常，我们反对的是政治尊孔，不是学问尊孔。众所周知，自董仲舒罢黜百家、独尊儒术起，这个孔子儒学就变了味道了，就成了历代皇帝统治国家的权术，愚弄民众的武器。所谓君为臣纲、父为子纲、夫为妻纲，窒息了国家的活力、祸害了民众的生活、阻碍了文明的进步，一句话——造成了中国的落后。这种孔教三纲，不应该被砸烂吗？袁世凯复辟帝制，要做皇帝，就拜孔教为国教，尊孔学为国学。封建礼教至今还在统治着社会生活，奴役着人民思想，难道这不是中国落后的原因吗？"

新文化运动是思想启蒙运动，以改造国民性为救国的根本思路。陈独秀强调，《新青年》的主题是新文化，是要把国民从复辟复古的旧思想中解放出来。李大钊、陈独秀、鲁迅，还有后起之秀毛泽东日渐认识到，新文化运动不仅仅要对青年学生启蒙，对知识分子启蒙，更要对全体大众启蒙，尤其是要对工人、农民启蒙。他们是革命的主力军，未来国家的主人翁。但是，广大劳动阶级没有文化，听不懂文言文，更不会用文言文表达自己的思想和诉求。所以，新文化运动的主将们，极力倡导白话文，把白话文运动看作文学革命的重要组成部分。鲁迅还率先用白话文写小说，产生了轰动效应。

关于推广白话文、提倡白话文，胡适曾与倡导文言文的黄侃有一场论战，相当精彩。胡适演讲说："为什么你胡适要提倡白话文，而弃用传统的文言文？我的回答是：第一，当日的文言文，乃是一种半死的文字，老百姓看不懂，更听不懂；第二，今天我们倡导的白话文，乃是一种活的文字，并不鄙俗；第三，白话不但不鄙俗，还非常优美、实用，因为白话文是一种最能达意的语言……鲁迅先生的白话文小说，里面有这样一段文字：赵老头回过身来，趴在街上，扑通扑通磕了三个响头。

这段白描，生动、优美、形象，文言文难以企及。我这样说，不知道在座的各位赞同吗？”

黄侃发言：“胡教授之观点，恕黄某不敢苟同！我记得胡适教授适才言道，白话文对比文言文，可删繁就简，更加便捷有效。此非是事实！我来举个例子，比如说，你之太太亡故，其家人用白话给你打电报，必云：你的太太死了，快点回来呀。长达十一个字，若用文言，则仅需'妻丧速归'四字即可，电报费便可省三分之二。”

胡适不温不火，说道：“各位，刚才这位黄先生说用白话文发电报用字多、花钱多，我不赞成，那是因为黄先生他不懂得如何正确使用白话文。我们现在就可以做一个实验，举个例子，前两天我教育部的一位朋友，给我发了一份电文，邀我去做行政秘书，我不愿从政，决定不去。那就此事想请黄侃先生用文言文帮我写一份拒绝的电文，而我则用白话文写一份电文，两相比较，看哪一个更精练、更省钱。大家说怎么样？”

众人一起叫道：“好！”

黄侃说：“好啊！我的电文共十二个字——才疏学浅，恐难胜任，不堪从命。”

胡适说：“我用白话文写的电文——干不了，谢谢！”

黄侃说：“粗鄙不堪！既无文采，更没礼貌，有辱斯文！”

胡适笑笑：“我看未必吧！'干不了'其中就包含了'才疏学浅、恐难胜任'的意思；'谢谢'表达了对友人的感谢，也暗示了拒绝之意。这样既省钱，又省字，又能达意的电文，大家何乐而不用呢？语言是否精练，不在于白话文与文言文的差别，在于是否能够恰如其分地选择字词。大家赞同吗？”

众学生一起喊：“同意！干不了，谢谢！”

新文化运动兴起三年后，陈独秀答记者问时说：“三年来，某些人

说我们破坏旧伦理，破坏旧艺术，破坏旧宗教，破坏旧文学，破坏旧政治，我们统统承认。我们为什么要破坏这些东西？因为我们拥护民主和科学，就不得不反对旧的思想、旧的文学。新文化运动对中国的影响力，当然绝不仅仅局限于文化方面。影响到产业，应该让劳动者觉悟他们自己的地位，让资本家把劳动者当成人待，而不要当成机器、牛马、奴隶来看待；影响到政治，是要创造新的政治思想，不要被现实的政治羁绊。"他后来还喊出："我们的国家是人民的国家，得人民说了算。让人民站起来，直接解决中国的问题。唤醒广大民众，做天下的主人。"

革除不适合人的现代化发展的精神枷锁，剪掉封建文化有形的"辫子"和人们脑壳里藏着的无形的"辫子"，就是新文化运动的出发点，就是文学革命要"革"的"命"。

（李占才）

青年毛润之，成了北大图书馆助理员

1918 年 4 月，毛润之、蔡和森、何叔衡等人在长沙成立新民学会。新民学会宗旨是用新思想、新文化、新伦理武装会员的头脑，改良会员的品行，进步会员的学问。学会规定：不虚伪，不懒惰，不浪费，不赌博，不狎妓。选举萧子升为总干事，毛润之当选为干事。萧子升正准备留法勤工俭学，毛润之便承担了大部分工作。毛润之，就是后来的毛泽东。

1918 年 8 月，毛润之为了湖南留法勤工俭学事宜，第一次来到北京。晚上，毛润之在街边路灯下全神贯注地看书，引起路过的陈延年关注。毛润之一报名字，陈延年喜出望外："呀，毛润之，我读过你的文章。"一经交谈，发现毛润之也喜欢读互助论的文章，兴趣相投，陈延年立即称呼毛润之为同志。小兄弟二人立即与毛润之共享自己带的点心。毛润之说，自己在湖南师范读书时的恩师杨昌济先生正在北大做教授，第二天要去北大找恩师帮忙，旁听北大的课，也不虚此行。乔年问想听谁的课，毛润之说陈独秀、胡适的课。乔年大笑："没问题，包在我身上。"毛润之知道陈独秀就是二位小兄弟的父亲，马上肃然起敬。

年轻的毛润之孤身来到北大校园，他看着这座古老而庄严的学校和

那些充满朝气的学生，敬畏和羡慕之情油然而生。路上巧遇蔡元培，杨昌济已经向蔡元培推荐毛润之，蔡元培准许毛润之在北大旁听，还给他谋了差事——到图书馆给李大钊当助理。

毛润之谋得北大图书馆助理一职，虽然每月只有八块大洋薪水，收入很低，但他这个"北漂"总算在全国最好的大学有了立足之地。尽管还比较清苦，但他吃住有了着落。可以近距离吸纳北京大学的文明营养，他很知足。他立即像海绵吸水一样，努力地学习吸收新文化、新知识。

在图书馆，毛润之终于见到了李大钊。李大钊对这个勤快的年轻人十分满意。两人聊天，李大钊听说毛润之喜欢看无政府主义的书，微微摇头。毛润之告诉李大钊，自己对无政府主义还没到信仰的程度。李大钊提议，同毛润之一起研究俄国十月革命和《共产党宣言》。

晚上，在北大红楼图书馆，李大钊与毛润之谈书论道。毛润之告诉李大钊，自己虽然只看了《共产党宣言》几个段落，但是已经非常兴奋。李大钊告诉毛润之，可以参加北大青年读书会，会上要敢于发言，敢于辩论，才能有提高。两人又谈到蔡元培在北大成立进德会的事，毛润之发表自己的看法："先生，我觉得，这修身养性自古皆有。但是，北大重提道德建设，我觉得有特殊的意思。现在的中国，正在大转型的时代，旧的道德土崩瓦解，新的风尚尚未形成，人们很容易无所适从，人心浮躁，道德失落，就在所难免。这个时候，蔡先生提倡进德会，在这个浮躁的时代，只有自律的人，才有可能脱颖而出，成就大事。"李大钊大加赞赏："好你个毛润之啊，了不起，你竟然可以看到这一层。怪不得，仲甫兄说你将来必成大事！"毛润之被夸得有点不好意思："这段时间我在北大，我能感觉到处处都在革新，但是反对的人也很多。道德，就变成了反对创新的一个武器。我一直在思考一个问题，讲道德和求真理，这两个之间到底有什么样的区别？"李大钊说："我跟你说说我的看法吧。道德是变化的，真理是永恒的，这是两者之间的一个区别。道德有新旧之分，我们如果拿旧的道德来衡量新时代的行为，这个叫逆历史潮流而上的卫道者，所以，守旧就是失德。道德是用来律己的，不是用来责人的；道德是用来躬行实践的，不是在嘴头空喊的。道德的要义是修身，修身的最高境界是追求真理，追求好比炼狱啊，就像玄奘法师取经，要经历九九八十一难一样。我们之所以创办《新青年》，就是为了要一大批像玄奘法师那样的取经者来为我们这个病入膏肓的中国，寻找药方。我认为这个才叫讲道德，讲大德。"毛润之问："先生，那您找到那个药方了吗？"李大钊答："还没有，不过，我们已经在路上了。"

李大钊为毛润之报名参加北大新闻研究会，这样毛润之就可以听著名记者邵飘萍的报告会了。毛润之久仰邵飘萍大名，能听邵飘萍的演讲非常开心。邵飘萍报告会上问："当今社会，要成为一名合格的记者，需要哪些基本素质？"同学有各种各样的发言。毛润之发言："我认为，当今时代，要做好一名新闻记者，知识、博学固然重要，但最重要的是人的思想、立场，还有职业操守。作为一名新闻记者，不能人云亦云，要对自己获取的信息，分析、论证、去伪存真、由表及里，做出自己的判断与结论。这里面立场是至关重要的，我们只有站在大众的立场上，站在历史潮流的前面，维护大多数人的利益和要求，我们的文章才有助于社会的进步。"毛润之的发言，得到邵飘萍的赞许，邵飘萍当场邀请毛润之到报社编辑部参观。毛润之到《京报》编辑部，与邵飘萍交流读书信息，邵飘萍建议毛润之对十月革命和马克思主义要多多了解，还拿了些马克思主义研究的书籍送给毛润之。

毛润之经常与李大钊、赵世炎、邓中夏等一同去长辛店，深入工人中做调研，与工人同吃同住同劳动。毛润之提出，根据他对农民的了解，感觉中国的工人和农民其实是一样的受压迫、受剥削。中国工业化水平

低，革命要从农民入手。

在反击旧学派对新文化运动的攻击时，毛润之走上北京街头，发表演讲："同胞们，我们倡导新文化，就是要谋求各个方面的解放，从九重冤狱，求见青天。我们中华民族，原有最伟大的能力，就是压迫越深，反抗就越大，蓄之既久，其发必速。我敢说一句话，他日，中华民族的改革将会比任何民族都彻底；中华民族的社会将比任何的民族都光明。同胞们，我们要努力，拼命地向前，我们黄金的世界，我们光华灿烂的世界，就在眼前！新文化运动万岁！"

毛润之要回湖南，与延年、乔年道别。陈延年正陷入工读互助实验失败的哀伤中，毛润之劝他："行路难，多歧路，路虽漫漫，上下求索，定能为天下找到一条新的出路。"陈延年也表示："润之兄，为了救国救民，我愿与你同行，一起努力，一起加油！"陈独秀和李大钊，也来为毛润之送行。临行前他们探讨的还是中国的未来。毛润之放弃留法机会，表示要留下好好地看看中国，读懂中国。毛润之向两位先生深深一鞠躬，感谢两位老师的教诲和启迪。

北京爆发了五四运动，在湖南长沙，毛润之发起成立湖南学联，发动全省总罢课，并联合湖南各界一起行动，声援北京学生运动，向政府施压。陈独秀入狱后，毛润之在长沙组织湖南学联和救国"十人团"，走上街头进行演讲，广泛发动群众，掀起营救陈独秀的活动。

1919 年 12 月，毛润之领导了一场声势浩大的驱逐军阀张敬尧运动，他率领四十名湖南代表到北京，揭露张敬尧的霸行。邓中夏带着毛润之等人找到国务总理靳云鹏的家，在门前高喊口号，并将请愿书交给总理秘书。

毛润之再次见到李大钊，李大钊询问："驱张运动之后，湖南将何去何从？"毛润之回答："这次驱张运动，我认识到，只有依靠民众大联合，才能实现救国救民的理想。"毛润之还向李大钊实话实说："俄国十月革命的资料我看了不少，心向往之。但是，从情感上讲，我对暴力革命还心有顾忌，我可能更偏向于无政府主义的温和改良。"

李大钊问："那么润之，你打算怎么改良湖南呢？"毛泽东答："驱张成功之后，我们湖南能不能带个头，实行自治。"李大钊说："润之啊，我不妨明确地告诉你，我和仲甫先生都已经确定了马克思主义的信仰。我们决心效仿俄国，走社会主义的道路，因为历史已经证明，中国走改良的道路根本就行不通，只有实现对于社会的根本改造，才可以挽救我们的国家。我建议，把你的眼界放得更远一些，把改造湖南的问题放到改造整个中国社会的大方案当中去思考，这样你会少走很多的弯路。"

毛润之表示，自己非常崇拜马克思主义，对俄国革命也感兴趣。他们准备在长沙，成立俄罗斯研究会，探讨中国到底适不适合走俄国人的道路，要迅速地找到答案。李大钊语重心长地说："润之，时不我待啊，我们不能总是在十字路口上徘徊了，到了该决断的时候了。"

随后，毛润之又到上海，探望陈独秀。询问把张敬尧赶走之后，湖南自治的路怎么走？陈独秀说："督军制度不除，就还是武人的天下，所谓的民主共和，就是军阀轮流坐庄，祸国殃民。你跟他们上请愿书、讲改良、讲民生，岂不是与虎谋皮？"毛润之说："国事沉疴不起，到底何为救国之良药，我都想试试。"陈独秀说："我原来也一直想慢慢调理，启蒙教育，唤醒国人，渐次加以改良。但当今无时日，军阀、列强，内欺外压，如果行动慢了，中国必将瓜分豆剖，永远为人鱼肉。救国要义，我看，在于立刻唤起行动。"毛润之问何种信仰才是救国行动之指南呢？陈独秀明确回答："走马克思、列宁指的路。你看，这是陈望道刚刚翻译出来的《共产党宣言》全本，这是救世的经典。我正在抓紧校阅，准备公开发表。"毛润之问能不能先给他看看。陈独秀满口答

应，说："不仅可以给你看，润之啊，我还希望，你能跟我一样，成为马克思主义信徒。"毛润之表示："我想我一定会的。虽然之前看的都是节选，但是我的心啊，早就热血沸腾了。"

上海法租界老渔阳里2号，毛润之向陈独秀表明信仰："先生，《共产党宣言》我认认真真地反复读了几次，我现在确定，我要信仰马克思主义。"陈独秀问："你真的确信？"毛润之坚定地说："先生，我的信仰一旦确立了，就不会动摇，我要为实现共产主义奋斗到底。"陈独秀非常高兴："好，润之，就需要这样的决断，我真的太高兴了。你能加入我们，从此我们就是同志了。"毛润之问："先生，我们的党叫什么名字？"陈独秀答："中国共产党。"毛润之说："中国共产党，好响亮的名字。"陈独秀说："润之啊，我一直对你寄予厚望。你这次回去，要积极地宣传马克思主义，发动民众，为筹建在湖南的党组织，做好准备。"毛润之郑重表示："好，我听先生的。"

那个走进北大图书馆的青年毛润之——毛泽东，最终走上革命道路，加入中国共产党。后来，他成为中国共产党领袖，领导中国共产党，带领中国人民，夺取了中国革命的伟大胜利。

（李占才）

鲁迅的《狂人日记》横空出世

　　《狂人日记》不是从天上掉下来的，而是由署名"鲁迅"的人写出来的。一般说来，作家搞文学创作，作品源于生活，高于生活。"生活"，就是亲身经历或者耳闻目睹的现实社会发生的故事。鲁迅创作《狂人日记》的生活来源在《觉醒年代》剧中是如何表现的呢？电视剧把鲁迅后来写的《药》等作品，以及《狂人日记》的真实原型，提前还原出来，让鲁迅置身其中，让观众直观感悟，大大增加了《狂人日记》"源于生活"的真实感。

　　鲁迅，原名周树人，1902 年赴日本留学，学医。后来，他认为医学只能医治人的身体，不能医治人的灵魂，遂弃医从文。1911 年，还曾用文言文创作发表了小说《怀旧》。翻译也好，创作也好，文笔都非常优美，赢得赞誉。凡与他交谈者，都能够感觉到他看问题视角独到，分析问题入木三分。他的同乡蔡元培，尤其对他赞赏有加。1912 年，中华民国南京临时政府成立，蔡元培出任教育总长，即邀任教育部社会教育司第一科科长。1912 年 4 月，中华民国政府迁北京，8 月，被任命为教育部佥事。目睹国家暗无天日，社会民不聊生，人民麻木不仁，周

树人悲痛、苦闷、愤恨、彷徨，不知路在何方。他抄古碑，辑录金石碑帖，校对古籍，研究佛学思想，打发时光。

陈独秀出任北京大学文科学长后，把《新青年》搬到北京，急需扩展编辑和作者队伍，求贤若渴，四处网罗人才。陈独秀让钱玄同推荐人才，钱玄同推荐了老乡周树人。陈独秀立即要去拜访。钱玄同担心周树人性格有点古怪，当时有点消沉，不愿意见人，陈独秀突兀造访会尴尬，决定先找周树人谈谈。

北京，菜市口，处决死刑犯的地儿，平时车水马龙。周树人正坐在街边一摊位前，琢磨碑刻拓片，突然走来一列官兵，押着一名年轻男子，让男子当街跪下。人们听说马上要杀人，不仅没有四散逃离，反而蜂拥着向前挤，争看热闹。一个小女孩，还从大人的腿中间挤出个脑袋，张着好奇的眼睛，观望。一围观者喊："爷们，别怕，二十年后，又是一条好汉。"一官兵喊："此贼，盗窃数目巨大，今天在这里，就地正法，以儆效尤。"刽子手高高举起钢刀，忽地砍下，鲜血立即喷出一人多高。一群人拼命地往上挤，嘴里喊着"军爷"，一手举着装有馒头的碗，一手将铜板放到刽子手翻转过来的大盖帽子里。刽子手高喊：蘸血要趁热，快，蘸血要趁热！一个买到了人血馒头的婆子，端着刚刚蘸了人血的馒头，一边跑一边喊："我儿子有救了，我儿子有救了。"两个拖着长辫子的"闲客"若无其事地走过杀人现场，边走边议论。一个说："一刀下去，过后生命就没了。"另一个说："不行不行，这刀法，远不如大清。"一个附和："好像也没有戊戌年间的刀快了。"另一个接上："那是没喷酒，黄酒配钢刀，砍头，如切糕呀……"

周树人张目不视、充耳不闻身后的市井喧嚣，仍孜孜不倦地琢磨他手上的碑刻拓片。钱玄同找来，周树人问蔡公（蔡元培）可好？钱玄同说："蔡公新官上任，精神抖擞，勃勃雄心，看着比你老兄可精神多了。"

周树人问："你哪里看出我不精神？"钱玄同连连说："精神，你最精神，这后面都乱成这样，头都不回一下，真有定力。"周树人说："不看也知道是个什么情景。"

两人起身，边走边聊。周树人问找他什么事，钱玄同说受陈独秀之托，请周树人为《新青年》写稿子。随即，钱玄同把随身带来的《新青年》杂志递给周树人。周树人说："我现在躲进小楼，不问春秋，就三件事我办——抄古碑、辑录金石碑帖、校对古籍，别的事我一概都不感兴趣。你要是来找我写稿的，就不聊了。"

钱玄同有点急，说："那，那你说，你现在弄这些有什么意思？"

周树人说："没意思。"

钱玄同说："既然没什么意思，你抄它干吗，你这可是消沉啊。"

周树人答："不是消沉，是看不到前程。"

钱玄同苦口婆心地说："豫才兄，你怎么变得这样啊？你还是我认识的那个气冲牛斗的周树人吗？你知道现在是什么时局吗？有人想要复辟帝制，请那个小宣统皇帝再出来当皇帝，你就不想说点什么吗？"

周树人意味深长地说："假如有这么一间铁屋子，绝无窗户，而且是万难破毁的，里边有许多熟睡的人们，不久就要被闷死，然而，从昏睡到入死，他们全然不知道就要死的悲哀。现在你大嚷一声，惊醒几个较为清醒的人，但是这不幸的少数者，要去承受这无可挽救的临终的苦楚，你觉得，你对得起他们吗？"

钱玄同坚持："如果我嚷几声，能叫醒几个人，我就绝不能说他没有毁坏这铁屋的希望。"

钱玄同请不动周树人，陈独秀只好请蔡元培出面请。蔡元培去教育部办事，见周树人在教育部门前手扶一块上书"不干了"的木牌，以宣示自己不与张勋之流同流合污。蔡元培约周树人到自己家有事商量。

在蔡元培家，周树人、陈独秀终于见面。蔡元培聘任周树人来北大任教，陈独秀邀请他到《新青年》当同人编辑，蔡元培表示支持。周树人对蔡公极为敬重，便一口答应下来。

绍兴会馆补树书屋，陈独秀、李大钊、钱玄同登门拜访周树人，一番寒暄之后，陈独秀说："听说这屋子还吊死过一个女人……"

陈独秀面向周树人问："那豫才兄，你住在这儿不压抑吗？"

周树人一半对来客、一半自言自语地说："呵！压抑的，又岂止我这一间补树书屋呢？书屋之外，那些腐臭之息更是不堪！这些年，我见过了辛亥革命，见过了二次革命，见过袁世凯称帝、张勋复辟，看来看去，就觉得这社会啊——烂透了，根本无药可救！"

李大钊接道："豫才兄，小弟以为上天既然创造了人，就应该给他们一条活路。药还是有的，只不过需要有人去找才行。"

周树人问："药在何处？寻药之人又是谁？"

陈独秀："我——我们！这药呢，就是豫才兄你的大作呀！"

周树人："《新青年》……我看了，温暾水——不够劲！"

陈独秀："请豫才兄赐教！"

周树人："第一，你们倡导白话文，自己却用文言文和半文言文写作——'犹抱琵琶半遮面'；第二，提倡和普及白话文，根本是要有大众喜闻乐见的作品，我以为，用白话文写小说，是普及白话文最好的形式，而恰恰你们没有这方面的作品；第三，也是最重要的，你们口口声声要讨伐孔教三纲，但讲的全是些大道理，认识也不深刻，没有形象思维的作品，是根本不可能触及人们的灵魂！"

陈独秀站起身，给周树人深深一鞠躬："豫才，受教！刚刚一番话，入木三分，句句切中《新青年》的要害！先生，既然已经查明了病因，那就赶紧动手术吧！啊？莫再作壁上观了！莫再'犹抱琵琶半遮面'

了！大刀阔斧吧，豫才！"

周树人："我试试！"

钱玄同："好！就等你这句话！豫才，你只要一出手，绝对是一面旗帜！"

李大钊："豫才兄，相见恨晚！"

陈独秀连忙走上前，抱住周树人："豫才，不虚此行，静候佳音，那我们走了！"

陈独秀出了门，又折回身，挑着棉门帘，朝着屋里的周树人说："唉，我等着你的药哦！"

几日之后，周树人和家乡来的老友相聚，饭后回到家，问二弟同学杨开铭为何没来。二弟告诉他，杨开铭毕业后，回老家教书，他这人心善，经常接济一位寡妇，遭到族人非议。一次，杨开铭喝醉了，在寡妇家的桌子上趴了一夜，结果，这寡妇竟被族人沉塘淹死了。杨开铭因此受到刺激，疯了，整天只在街上乞讨说疯话，谁都不认识了。周树人感慨："疯了，人疯了，天也疯了。"正在说话，周树人表弟久荪，疯疯癫癫扑了进来，说是有人要杀他，他躲进桌子底下，死活不出来。陪久荪来的人说，在他们来北京的路上，看到很多饿死的人，久荪受了刺激，才导致神经错乱。周树人张罗大家，抬起久荪送去医院。久荪一面挣扎，一面大喊："为什么要杀我？为什么要杀我！"

终于，周树人在沉默中爆发，他展开稿纸，抓起毛笔，蘸墨，蹙眉凝思……创作，是思想风暴，是作者的心理活动，影视形象不容易表达。电视剧《觉醒年代》在这里表现得十分成功，音乐响起，时而如泣如诉，时而奔腾激越；时而犹如排山倒海的巨浪，拍打堤岸；时而又恰似千军万马，冲锋陷阵……周树人的特写镜头：坚毅的面孔，紧锁的眉头，如炬的目光，有力的握笔的手 ……叠印着木刻石刻上的历史人物、狰狞面孔，杀人的刑场、刽子手手起刀落、围观的人群、争抢人血馒头……尤其是端着人血馒头、喊着儿子有救了的婆子的身影，反复出现。音乐与画面叠加，令人真真切切地感觉到，燃烧起来的周树人，心潮澎湃，不吐——不快。他终于提笔，在稿纸上写下：狂人日记……

中景，灯光如豆，映照着周树人伏案疾书的身影。镜头越拉越远……

天已大亮，近景，周树人趴在地板上，满地散落着一页页稿纸。钱玄同推门而入，看着累得翻身躺在地上的周树人，吓了一跳，随后看到周树人脸上的笑容。他知道，周树人的稿子写完了。钱玄同将满地散落的稿纸一一拾起，整理好，念道："狂人日记。"钱玄同发现，还没有署名。钱玄同让周树人署名，周树人蹙眉思索，写下"鲁迅"二字。他说："周树人从今往后，就叫鲁迅。"

1918 年 4 月，鲁迅的短篇白话文日记体小说《狂人日记》发表，这是中国第一部现代白话文小说。小说是以一个"狂人"为主人公，他之前患了"迫害狂"的病，痊愈后把患病时的所见所闻，写成日记。他写道，村上的人，要把他吃了。他也认定，他大哥准备和村人合伙吃他。他想起五岁就去世的妹妹，是被大哥吃了的。而自己，也无意地从大哥准备的饭菜中，吃了妹妹的肉。他写道，我翻开历史一查，这历史没有年代，歪歪斜斜的每页上都写着"仁义道德"几个字。我横竖睡不着，仔细看了半夜，才从字缝里看出字来，满本都写着两个字"吃人"！最后写道："没吃过人的孩子，或许还有，救救孩子！"

正如蔡元培所说："读了豫才这部小说呀，我就感觉到有人用拳头朝我这胸口上猛地一击！"陈独秀更是大赞，说自己心里面，又被点燃了一团火！蔡元培说："豫才呀，看问题非常尖锐，他这部小说呀，对国民性的批判，对封建礼教的揭露，可谓是入木三分！"

鲁迅的《狂人日记》拉开中国新文学的大幕。鲁迅成为新文化运动的一面鲜艳旗帜。

（李占才）

虚构人物张丰载为何那么令人讨厌

　　张丰载不是历史真实人物，是《觉醒年代》剧里虚构的人物。四十三集电视剧，其中有近二十集他都有出场。所有大事，他都不曾缺席，但他都是站在时代发展潮流的对立面，是个"大反派"。1915年至1921年，反对袁世凯称帝、反对张勋复辟、新文化运动、五四爱国运动、马克思主义传播、中国共产党创立等进步运动、活动，都有对立面、反对派。张丰载这个人物，集中了众多反动派的特点，是个一肚子坏水的恶人，使坏、破坏、作恶，而且是个自以为聪明、爱耍小伎俩的小人。他虽然是个虚拟人物，但人们又觉得很真实，因为在中国社会土壤里，似乎能够感悟到有这样的人。他的形象、做派，令人厌恶。

　　电视剧开场，在日本早稻田大学校园，一群留学生对袁世凯复辟帝制议论纷纷，愤慨不已。张丰载却发表奇谈怪论，他认为，中国陷入如此境地，就是因为民主之士坚持民主共和引起的。他宣称，只有君主立宪制，才是拯救中国的正道。他的一番话立即遭到李大钊等人的怒斥。当旁边的陈独秀说这样的国无可救药时，他立即煽风点火，说陈独秀是汉奸，革命党是亡国奴，并挑唆愤怒的学生，殴打辱骂陈独秀。

　　陈独秀从日本回国时，张丰载也在同一艘船上。他在二等舱内画着京剧脸谱，赢得围着他转的马屁精们的夸赞。张丰载吹嘘：袁世凯要是当了皇帝，他二叔就是大内总管，只要事情成了，他要带大家去北大读书。

　　轮船甲板上，两个日本船员殴打侮辱一男一女两个中国学生，张丰载把麻将砸到日本船员身上，却又装作若无其事，麻木地看着日本船员欺负中国学生，不发一声。幸好之前当过兵的邹永成出手相助，解救了两个中国学生。陈独秀强烈要求日本船员道歉。张丰载指着道歉后离开的日本船员背影，虚张声势地大喊大叫："打，狠狠打龟孙子。"，似乎这样才能彰显他的"爱国情怀"。陈独秀对此嗤之以鼻："哼，小人。"

　　回到北京的张丰载，喝得烂醉，带着一众纨绔子弟，来到一个清吟小班兰香班，要找头牌。不巧她正在给别人唱曲，张丰载气不顺，带着一帮人闯了进去，咣咣当当地动起手来。泼皮无赖形象，展露无遗。

　　北大课堂上，黄侃手持《新青年》杂志批评胡适的白话诗，并随手把《新青年》扔在地上，说以后上课前都要用二十分钟批判白话文。郭心刚问扔到地上的杂志是不是不要了，黄侃说不要了。郭心刚上前捡拾起《新青年》，黄侃又让他放到讲台上。郭心刚刚把杂志放到讲台上，黄侃又把它扔到地上，还说你捡一次我扔一次。张丰载眼珠一转，上前拾起书来，恭恭敬敬送到讲台上，说："以后先生要扔，我就捡，你扔多少次，我就捡多少次，这活儿我包了。"他还鼓动几个纨绔子弟起哄，进一步激发黄侃怒火。黄侃把郭心刚、邓中夏赶出教室，还向学校申请开除这两个学生。在辨明是非的"讨论会"上，张丰载还"作证"，邓中夏、郭心刚说黄侃教授"强词夺理"就是辱骂师长。

　　张勋复辟时，李大钊带领学生在街头演讲，反对张勋复辟。张丰载四处奔走，找警察状告李大钊和学生闹事，警察告诉他自己当的是民国

的差，对朝廷的事情管不上。当张丰载又找来张勋的"辫子军"，大喊"抓那个大胡子"企图抓捕李大钊时，李大钊与学生撤退。张丰载竟然嚣张地拿着假辫子抽打警察："孙子耶，你们等着我。"警察朝他的背影啐一口，咒骂他们长久不了。李大钊带着学生撤退了，张丰载建议"辫子军"挨家挨户搜，"辫子军"说搜不过来，张丰载又嚷嚷着带他们去北大抓人。

张丰载挂在嘴边经常吹嘘的二叔，就是议员张长礼。张长礼是旧学大师林纾的学生。张丰载想攀林纾的"高枝"，让张长礼带他去拜访林纾，赶上辜鸿铭、黄侃也在林纾家，张丰载掏出摘抄的白话文系列讲座题目及主讲人的纸条，向几位旧学教授报告。他推波助澜，推动林纾去北大听讲座，准备向新文化运动反击。

林纾要上诉政府，整肃北大，撤换蔡元培和陈独秀。张长礼已着手准备弹劾材料，但感觉材料分量不够，希望林纾亲自出山，让蔡元培、陈独秀露出破绽。张丰载提出先抹黑陈独秀，灭灭他的威风。如此下作手段，让林纾感觉犹如吃了一个绿头苍蝇，对这种小人行径不屑一顾，拂袖而去。次日，林纾还是发现了北大校园公示栏上说陈独秀留日时充当汉奸的谣言布告。这分明是张丰载搞的鬼。为此，以张丰载为首的一帮复古派子弟还与邓中夏等进步学生发生了激烈的冲突。

在李大钊等人指导下，北京大学学生演活报剧，反击阻挠新文化运动的言论。张丰载挑拨林纾大动肝火，说学生的活报剧就是讽刺他，要阻止学生们演出。张长礼和林纾同警察总署的吴炳湘通电话，建议以煽动民众、扰乱治安和诽谤为名，取缔公演。张丰载还拿着银票去找警局的魏局长，请他找些人在现场煽动气氛，把事情闹大。

北大校园，张丰载组织一群不明真相的学生举着标语牌，大喊："陈独秀是'伪君子'，陈独秀滚出北大！"看到陈独秀走来，又纷纷低头叫"先生好"。陈独秀一边还礼一边若无其事地从他们中间走过，并回头让他们继续。躲在楼上的张丰载，示意继续游行，随即又派人去陈独秀家闹事。

林纾曾写了一篇讽刺蔡元培的小说《妖梦》，交给张丰载拿去发表。不久，林纾接到蔡元培邀请他题词的信，深感蔡元培品行宽厚，特别交代张丰载把《妖梦》撤回不再发表。张长礼和张丰载当面答应，事后张丰载建议继续发表《妖梦》，并将此事写信告诉蔡元培，以挑拨蔡元培和林纾彻底决裂。《妖梦》发表之后，林纾极为恼火，大骂张丰载就是一个阳奉阴违、道貌岸然的小人。张丰载装模作样地跪倒在地请罪，张长礼却劝说林纾，与蔡元培撕破脸皮也好，反正快要对簿公堂。林纾终于明白，文人和政客，道不同不相为谋，便轰走他们，发誓永不相见。

北京一些青年人成立工读互助社，实践无政府主义和互助主义。张丰载立即向二叔张长礼报告，说这是共产主义的苗头。张长礼要张丰载盯紧这个互助社，伺机破坏。张丰载跟踪参加互助社的柳眉，并以自己笔名叫"踩人"的记者身份，愿意宣传报道互助社为由，诓骗柳眉。以采访的名义，张丰载了解了互助社十三名成员的家庭背景和加入动机，得知柳眉父亲是富商，陈独秀的两个儿子都参加了互助社。张丰载立即向张长礼报告，还添油加醋地说他们要实现"共产共妻"。他们又去报告林纾，激起林纾怒火，准备联手行动，借助互助社伤风败俗之事，再次弹劾罢免蔡元培、陈独秀等人。

张长礼将易群先加入互助社的情况，告诉了易群先的父亲议员易夔龙。张长礼造谣说，互助社是蔡元培、陈独秀蛊惑年轻人的手段，请易夔龙与自己一起提出罢免蔡元培的提案。《神州日报》发表了"踩人"的独家采访，说一批青年痴迷西洋邪教，组织互助社，实行"共产共妻"。这让互助社成员很是震惊，柳眉知道上当，哭成泪人。次日，同学们找

到"踩人"，郭心刚这才发现此人原来就是张丰载。同学们决定兵分三路，劝阻易爨龙，找寻日本记者揭露张丰载丑行，收集整理证据材料，从三方面进行反击。

宣武门国会小议事厅内，蔡元培、陈独秀、李大钊和胡适等人端坐着，等待对蔡元培罢免提案会的开始。会议开始后，不见第一提案人易爨龙到会，作为第二提案人的张长礼拒绝说明情况，也拒绝辩论，说可以直接对议案进行表决。蔡元培和部分议员表示抗议，张丰载在旁听席带动一帮人煽动表决，并引导记者拥入会场拍照。赵世炎站起来对记者说，攻击北大的文章多出自"踩人"之手，而"踩人"正是张长礼的侄子张丰载。柳眉也站起来证明，张丰载不仅多次采取欺骗手段收集工读社社员的家庭背景和个人资料，还写匿名文章造谣诋毁工读互助社。一名西方记者站起来，证明赵世炎和柳眉所言句句属实，张丰载还用钱雇佣其他记者，撰写污蔑和诋毁北大及蔡元培等人的文章。日本记者也站起来，将自己收到张丰载邮寄的银票和信，向众人展示。一名女记者也站起来，将张丰载收买记者撰写的不实报道，当场比对拆穿。这引起群情激愤，学生们将鞋子和蔬菜纷纷砸向了张丰载。恰在此时，易爨龙匆匆赶来，当面向蔡元培道歉。他将自己爱女心切、不慎误遭歹人利用的前因后果说出，并正式提出撤除这个荒唐的议案，且表示会向国会做出深刻检讨。有议员提出要张长礼进行解释，张长礼招手将张丰载叫过来，一巴掌扇过去，竟说自己是被张丰载蛊惑才做出的蠢事。叔侄两人，也真丢人现眼。

张丰载被北大开除，索性投到京师警察厅吴炳湘门下，当了一名警探，并担任第二情报组的副组长，以专门干坏事为"大任"。五四运动中，张丰载向吴炳湘建议，要让陈独秀四面楚歌，让他这个学生运动的总后台再也无暇顾及学生运动的事。他们通过煽动与陈独秀不和的北大教授及不明真相的学生，对陈独秀发起围攻。张丰载自告奋勇去找陈延年，企图策反延年，让他们父子反目，将陈独秀彻底陷入孤立无援的境地。

张丰载拿着花来到陈延年的病房，说自己是代表学联宣传部来慰问的，同时声称自己也是坚决反对巴黎和约的。延年不听他的花言巧语，拒绝接受采访。张丰载随即将举报陈独秀私德问题的材料交给延年，说这些东西一旦登报，就会对陈独秀造成毁灭性打击，并提供了相关证人名单。陈延年还未出院，就找到相关证人了解情况，进一步明白了张丰载的险恶用心。陈延年出院后，约张丰载在小树林见面。延年佯装悲痛欲绝，说要带着弟弟去法国留学，离开这些是是非非。张丰载提议，延年应该揭发陈独秀的丑陋面目，规劝陈独秀不要再影响和败坏学生运动。延年问，他如此做有什么好处？张丰载拿出一纸声明说，只要他们兄弟俩在上面签字，马上就能去法国留学。延年提出两个条件，一是公费留法，二是五百大洋。若答应当即签字，并要张丰载立字据为证。张丰载已经学精了，不立字据，生怕再被算计。正在此时，赵世炎等人拿着斧头等冲了出来，佯装斥责延年私下交易，要将张丰载就地"正法"。张丰载亮出京师警察厅密探的身份，却还是吓得瑟瑟发抖，只好将自己所做的龌龊事情一一写了下来。报纸上刊登了张丰载的自供信，吴炳湘看着围堵在警察厅门口"求真相"的记者，气得要命。张丰载却淡定地说，自己是被屈打成招的。还说，学生们是同帮会分子沆瀣一气的。张丰载将早就准备好的材料交给吴炳湘。吴炳湘对张丰载翻手为云、覆手为雨的行为不能不刮目相看了。

五四运动中，张丰载刺探消息，给吴炳湘通风报信，没少做坏事。陈独秀被捕就是他事前给吴炳湘报信的。他判断陈独秀会上街撒传单，建议在陈独秀撒传单时将其拘捕；他带领警察，抓捕了正在撒传单的陈独秀；他带着警察搜查了陈独秀的家，经常监视和询问陈独秀家人；一

直到最后关头，他搜捕陈独秀落空，逼使陈独秀匆匆忙忙离开北京。

（李占才）

众星捧月的工读互助社怎么就黯然谢幕了？

在《觉醒年代》的第二十五集中，在饱含着一群青年人万般不舍与不甘、留恋与懊恼的俭洁食堂里，由蔡元培亲自题写的牌子被摘了下来，鲁迅所题的"宁流额上汗，毋染手中血"的对联也被摘了下来。这一切宣告着曾经风头无两的工读互助社黯然谢幕。

工读互助社是《觉醒年代》剧中出现的一个充满朝气与活力的青年社团。受到新文化运动的影响，当时不少青年都萌生了脱离旧家庭，寻找新生活的想法。在一次青年读书会上，陈延年倡议，按照克鲁泡特金互助论的理论成立一个半工半读的互助社，在一个小范围内试行互助式的共产主义。陈延年的这一提议不仅得到了同学们的赞同，也得到了蔡元培、李大钊、陈独秀等人的支持。蔡元培亲自帮助互助社向全社会发起经费募集，《新青年》和《每周评论》更是开辟专栏宣传和讨论工读互助。工读互助社的诞生真可谓是众星捧月。

抱着对理想社会的追求，这群朝气蓬勃的青年很快就商议出了工读互助社的章程。具体规定包括：第一，社员每人每天必须工作四小时；第二，社员必需的衣、食、住，都由团体供给。社员需要的教育费、书

籍费也由团体供给，但书籍归团体公有；第三，社员的工作所得归团体公有。为了"吃大锅饭、穿大家衣"，真正脱离依赖家庭的"寄生的生活"，青年们还纷纷和家里解除了经济关系。

"光阴似流水，不一会课毕放学归。我们仔细想一回，今天功课明白未？老师讲的话，可曾有违背？父母望儿归，我们一路莫徘徊。将来治国平天下，全靠吾辈。大家努力呀，同学们，明天再会。"在青年们欢快的《夕歌》歌声中，互助社第一实验小组的俭洁食堂正式成立。

由陈延年牵头的互助社第一小组共有十三名成员，其中既有北京本地的学生，也有千里迢迢从浙江专门赶来北京参加互助社的学生俞秀松和施存统，还有像国会议员易夔龙女儿易群先这样为了能够过上自由开放的新生活而来参加互助社的青年。除了在俭洁食堂售卖餐食外，互助社还有帮人洗衣、放映电影两项工作，大家凭着兴趣和特长，一一认领。就这样，青年们自愿放弃了坐而论道的舒适生活，脱离家庭、走出书斋，这些曾经十指不沾阳春水的少爷小姐们，开始每天起早贪黑，兢兢业业地充当起了厨师、伙计、跑堂、洗衣工、放映员，学着凭借自己的双手自食其力。

然而，现实与想象总是有差距的。且不说电影放映卖不出票、俭洁食堂门可罗雀，青年们又因为对互助社的理解不同产生了不少摩擦。更为糟糕的是，单纯的青年们被化身为热心记者"踩人"的张丰载所欺骗，将筹办工读互助社的情况一五一十告诉了张丰载。结果，明明是青年人对半工半读的集体生活的新尝试，在张丰载的笔下被扭曲成了伤风败俗的"共产共妻"。易群先的父亲易夔龙也被张长礼欺骗，为了解救女儿而准备提交议案罢免蔡元培、驱除陈独秀。一时间，工读互助社，连带着北京大学和蔡元培、陈独秀等新文化领袖被群起而攻之。单纯的青年们这才知道自己被张长礼叔侄利用，互助社成了他们试图扳倒蔡元培的工具。青年们紧急召开会议安排解决负面报道的问题，决定兵分几路，分别从劝解易爨龙、找寻英国记者及日本记者揭露张丰载丑行以及收集整理证据材料三方面进行反击，并最终获得胜利。

可惜的是，互助社虽然闯过了这一大难关，但社团的运营还是出现了很大问题。不过两个月的时间，互助社就已经入不敷出。洗衣组接不到活，已被吊销执照；放映组招揽不到观众，也已解散；一直处于亏损与半亏损状态的食堂情况也只能再维持一周而已。眼看着一开始筹集的资金已经快要花完，勤工的收入明显也不足以维持生存，青年们再次聚集在一起商讨办法。郭心刚提出，必须承认工读互助社第一实验小组已经失败，无政府主义是行不通的。施存统不同意，他认为互助社的失败是因为私有制残余的腐蚀，社员们没有真正履行互助论的原则。刘海威则觉得在个人劳动不足以维护个体利益的时候，互助只是一种空想。不管怎样，互助社的失败已成定局。大家无奈举手表决，同意解散工读互助社。再次唱起的《夕歌》，混杂着哽咽和啜泣声，他们再没有了当初的意气风发。

俭洁食堂的牌子终是摘了下来，蔡元培带着陈独秀、李大钊、胡适和鲁迅特意来到互助社内看望大家。蔡元培对青年们勇于尝试，用实际行动践行互助论的行为表示敬意。他鼓励学生们，相信他们对互助论的实践和试验必将成为他们人生中的宝贵财富。至于互助社到底为什么失败，胡适认为，美国每年有十几万学生在工读，工读并不是什么新鲜事物。北京互助社失败的主要问题是计划不周详，"工"的时间多了，"读"的时间太少。青年们只有做工的苦趣，没有工读的乐趣。李大钊则不同意胡适的观点，他认为应该分辨失败的内因和外因。他提出要认真反思两个问题，一是互助论本身是否存在问题，二是互助论是否适合中国。

电视剧中，关于互助社最终失败的原因并没有定论。但要知道，工

读互助社是一个曾经真实存在的社团。它真实的名字叫作北京工读互助团，是当时各地互助社团体中成立最早、规模和影响最大的。北京工读互助团确实是在蔡元培、李大钊、陈独秀的支持下创办的，只不过发起人并非陈延年，而是王光祈。1919 年 12 月 4 日，王光祈在北京《晨报》上登出组织工读互助团的倡议，迅速引起提倡新文化的师生们的关注。报名参加互助团的有数百人。最终，北京工读互助团成立了四个小组，团员们一边从事办食堂、洗衣、印刷、装订、贩卖书报等体力劳动，一边分别在各校听课学习。他们认为，只要坚持工读，扩大影响，将来将各地的小团体联合起来，就有可能实现"各尽所能、各取所需"的工读互助的社会。然而，不过三四个月的时间，1920 年 3 月，互助团的第一组就宣布解散，其他各组随之也都相继解散。

历史上，互助团第一组的失败"震动了新文化界、千万知识分子"。《新青年》第七卷第五期曾专门组织陈独秀、李大钊、胡适、戴季陶、王光祈分别撰文，探讨互助团失败的原因。互助团的成员施存统、付彬然等人也曾撰写回忆文章，寻找失败根源。

总的来说，主要有三种看法：

第一，经济上的困难。根据施存统的回忆，互助团工作经营的收入主要分为五个方面，即放电影、洗衣服、印刷、开办食堂和成立英算专修馆。这其中，只有英算专修馆有盈利，其他都处于亏损或是半亏损状态。待募集的款项用完，劳动所得的收入又很微薄，就无法维持团员们的生活。

第二，"是人的问题，不是经济的问题。"王光祈认为：一方面，互助团团员的个人主义、自由主义思想与集体生活方式之间产生了许多矛盾，以致团员内部的感情不融洽，精神涣散；另一方面，青年们实践能力不足，不善经营、不善计算、不善办理。陈独秀认为互助团的失败主要在于"缺乏坚强的意志、劳动习惯和生产技能"。

第三，在当时的时代条件下，工读互助团根本不具有生存的空间。工读互助团反映了当时的青年对没有剥削、没有压迫、人人自由平等的社会的向往。但正如剧中李大钊所言，互助论的理论根本不是一种科学的理论，也不适合当时的中国。而互助团的真实历史教训也证明，企图在旧制度范围内通过一个个小团体的大联合来实现社会改造，只是一种改良主义的空想，所以失败是不可避免的。

不管是在剧中，还是在真实的历史中，这群青年人都没有因为遭遇这一次挫折而停止对新道路的探寻。剧中的陈延年意志坚定地说："我绝不会因为一次短暂实验的失败，而放弃心中对理想社会的追求。即使前面等待我们的是无数次的失败，我们也一定会坚定不移地走下去。"剧中，陈独秀预言有反思就不会盲目，他相信青年们一定会找到一条正确的道路。事实上确实如此。历史上，互助团的青年们从失败中吸取了深刻教训，认识到必须用革命手段粉碎旧政权，根本改造社会制度，才是建立新的理想社会的唯一正确路径。这就促使互助团的一些进步团员，如施存统、俞秀松、何孟雄等能更快地接受马克思主义，走上革命道路。从这一点上看，工读互助团虽然失败了，但它对推动中国革命的历史进程、推动中国共产党的诞生起到了积极作用。

（叶帆子）

李大钊是中国宣传马克思主义第一人

1919 年，李大钊的《我的马克思主义观》一文在《新青年》第六卷第五、六号上发表。在电视剧《觉醒年代》中，陈独秀读了李大钊这篇文章后，认定："守常，我认为你是我们国家宣传和信仰马克思主义的第一人。"陈独秀的这句台词是有事实依据的，李大钊的确是公认的中国宣传马克思主义第一人。

为什么这样说呢？

1913 年，身负救国理想的李大钊前往日本早稻田大学求学，开始接触社会主义思想和马克思主义学说。1916 年回国后，李大钊积极投身新文化运动，大力倡导民主主义，猛烈抨击封建主义及旧文化、旧思想。李大钊不回避政治，对当时的政治制度进行了深刻的批判与研究，在社会革命家的道路上自觉实践，社会革命的思想得到进一步深化。

1917 年 3 月，俄国二月革命爆发。李大钊写了《俄国革命之远因近因》《面包与和平运动》《俄国共和政府之成立及其政纲》《俄国大革命之影响》等文章，在介绍俄国革命的同时，称俄国革命是"和平之曙光"，代表"国外政治之潮流"。俄国十月革命胜利的消息传来，李大钊更是备受鼓舞。剧中第十二集，李大钊专门向陈独秀和胡适介绍中国和日本关于俄国十月革命的报道。他称自己看完以后深受启发："布尔什维克政党通过暴力革命夺取了政权，在俄国掀起了一场新的革命。"胡适反驳："通过暴力夺取政权，还是换汤不换药。"李大钊则坚持十月革命对解决中国实际问题很有帮助，并坚定表示就想研究十月革命。现实中，李大钊也的确是以敏锐的眼光，深刻认识到十月革命将对 20 世纪世界历史进程产生划时代的影响，也从中看到了中华民族争取独立和中国人民求得解放的希望。正如他在《新纪元》一文中所写："我们在这黑暗的中国，死寂的北京，也仿佛分得那曙光的一线，好比在沉沉深夜中得一个小小的明星，照见新人生的道路。"

这一时期，李大钊正在北大图书馆担任馆长。他认定青年是民族复兴、国家富强的希望所在，因此他广泛结交青年朋友，向他们热情介绍马克思主义。比如，剧中毛泽东刚到北大图书馆做管理员时，正是李大钊第一次向他介绍了俄国十月革命和《共产党宣言》。1936 年，毛泽东在和斯诺谈话时曾专门回忆过李大钊。剧中，为了进一步启发青年，李大钊提议创办《少年中国》月刊，意在联合全国青年以开辟新局面，并提出要办一个马克思主义研讨会。为了不引起官方的注意，特意起名"马尔克斯研究会"。就这样，包括毛泽东在内，邓中夏、何孟雄、黄日葵、罗章龙、刘仁静等一批进步青年围绕在了李大钊的红色旗帜下。正是李大钊引导了这一大批先进青年接受马克思主义，走上革命道路。

在宣传马克思主义的过程中，李大钊还认识到了工人阶级的重要性，有了将新文化、新思想向工农大众普及的文化自觉。1918 年，第一次世界大战结束，中国第一次成为战胜国。李大钊在北京中央公园发表题为《庶民的胜利》的演说。剧中，李大钊登上演讲台，振臂高呼："须知今后的世界，要变成劳工的世界。我们应当用此潮流，使一切人

人，都变成工人的机会；不应该用此潮流，使一切人人，都变成强盗的机会。凡是不做工、吃干饭的，都是强盗，强盗和强盗谋取不正的财产，那也是强盗，没有什么分别。所以，我要说，劳工，万岁！"李大钊的演讲引起了围观群众雷鸣般的掌声，大家不禁高呼："劳工，万岁！"连蔡元培也是不住地夸赞。《庶民的胜利》等文章表明此时的李大钊，已经形成了马克思主义的立场和观点。

在第十四集中，大年夜，北京长辛店工棚，李大钊和工人们一起过春节。李大钊用通俗易懂的语言，向工人们介绍马克思："大伙知道有一个叫马克思的人吗？德国人，大胡子，听说过吗？马克思有一个观点：他认为工人阶级是人类社会的领头羊，只有我们工人阶级领导的社会，才是世界上最先进的社会。"一个工人吃惊地问："这马大爷说工人阶级做领头羊？"李大钊说："对的。俄国有个人叫列宁，就是根据这种观点和理论把资产阶级政府给推翻了，建立了人类历史上第一个工人阶级领导的国家，叫作社会主义国家。人家颁布了两条法令，第一条，就是宣布不参加世界大战了；第二条，大家肯定感兴趣，就是宣布土地都归我们大家了。大家想想，土地都归我们自己了，那我们过好日子还难吗？"工人们问："中国有没有这样的人？"李大钊回答："现在有一群人正在寻找他的路上。"

事实上，李大钊正是这样的人。在研究和宣传马克思主义时，他不是仅停留在理论探讨，即一般学术和伦理道德问题的研究上，而是更进一步，将之运用于解决中国现实问题上，为中国发展探索道路。

剧中，他向青年发出号召，要"双脚踩在泥土里，一步一步地、踏踏实实地，走好每一步路"，支持学生们建立工读互助社、平民演讲团。同时，他自己也身体力行。他经常带着赵世炎、邓中夏、毛泽东等一同去长辛店做专题调研。在他的引导下，平民演讲团经常到工人群体中宣传新文化和马克思主义思想，葛树贵等部分工人受马克思主义熏陶，也提高了觉悟，成为工人阶级中的先进分子。

从 1919 年初开始，通过深入学习和研究之后，李大钊的思想认识迅速提高，从一个爱国的民主主义者转变为一个马克思主义者。在北洋军阀统治下的中国，传播马克思主义何其艰难，但他以开拓者的无畏姿态，旗帜鲜明地指出，马克思主义是"中国的救星"。1919 年 1 月的《新青年》上，发表了李大钊的新作《布尔什维主义的胜利》，热烈赞扬俄国十月革命，并预言："人道的警钟响了！自由的曙光出现了！试看将来的环球，必是赤旗的世界！"

五四运动爆发后，李大钊热情投入并参与领导了这场爱国运动。剧中，当蔡元培得知政府密令巴黎和会签约，向各位北大老师征求意见时，李大钊提出："这次不光是学生，工人、商人、军人各个阶层都要动员起来，来一次真正的庶民行动。"

在长辛店，李大钊高声宣讲，痛斥日本无理霸占山东青岛，软弱政府竟要签订丧权辱国的巴黎和约。他指出，工人们每日流血流汗，但从未能在这个国家真正获得自己的权利。李大钊发出呼吁："工友们，这次学生们上街游行为的是什么？为的就是抗议政府签订卖国的巴黎和约，为的是捍卫中国的主权，为的是要行使中国人当中国家的权利。对于同学们的这种爱国行为，我们工人兄弟能够置之不理，袖手旁观吗？""不能！"工人们握紧拳头，高喊誓死捍卫主权。工人们对学生爱国行为的支援，对五四运动的胜利起到了极为重要的推动作用。

在五四运动之后，李大钊更加致力于马克思主义的宣传。作为《新青年》的同人编辑之一，他将自己负责的《新青年》第六卷第五号定为"马克思主义研究"专号，并发表《我的马克思主义观》一文，介绍了马克思的唯物史观、阶段斗争说和经济论，可以说是中国第一篇比较系

统地介绍和宣传马克思主义的作品，在当时的思想界产生了重要影响。

在剧中，李大钊的这篇文章博得了陈独秀的赞赏。当陈独秀称李大钊是"我们国家宣传和信仰马克思主义的第一人"时，李大钊还解释说："这么多年来，我一直关注马克思主义。我以前是读它的原理，历史唯物主义和辩证唯物主义、社会主义从空想到科学，等等，现在我把它跟中国的实际情况联系起来读，可以说是越看越开窍。"他诚恳地说："现在我是越来越认为中国要发展必须像俄国那样，用马克思主义来指导，走俄国人的路。除此之外，恐怕很难找出第二条道路。"

由此，我们可以看出，李大钊不仅率先在中国介绍、宣传和研究马克思主义，更重要的是，他还初步揭示了马克思主义必须同中国实际相结合的思想，主动将马克思主义运用于解决中国现实问题和探索中国发展道路上，在实践中深化了对马克思主义的研究、促进了马克思主义在中国的传播。在北洋军阀反动统治的艰难环境中，正是以李大钊为首的先觉者们推动了马克思主义在中国广泛传播，为中国共产党创建准备了思想条件。李大钊不愧是中国宣传马克思主义的第一人。

（叶帆子）

易群先并非虚构的人物

在电视剧《觉醒年代》中，工读互助社聚集了一批向往新生活的年轻人。这其中，有一个活泼外向的女孩特别引人注意，她的名字叫作易群先。易群先是国会议员易夔龙的千金，为了反对父母逼婚而离家参加了互助社。

易群先参加互助社的动机是逃离旧家庭，逃避封建包办婚姻，过上自由开放的新生活，因此，她对互助社的理论基础其实并不明晰，对于互助社的想象也是单纯而流于表面的。比如，她认为，既然要实行共产主义，就绝对不能有私有财产。于是，在互助社开张的第一天，易群先就主动拿出了自己的全部衣服充公，不仅如此，她还强迫俞秀松上交自己的三条新裤子，为此两人发生了争执。虽然带着一点激进与蛮横，但是这个姑娘身上也有很多可爱的地方。她虽是千金小姐出身，但干起活来从不叫苦叫累；为了保护互助社，她和父亲据理力争；互助社解散时，她对何孟雄的大胆表白也直率自然。她的一句"你可以去喜欢别人，但并不影响我对你的感情"，颇让人欣赏。

很多观众在喜欢上这个率真可爱的易群先的同时，将她当作虚构人

物，认为她的人物原型是中国共产党第一位女共产党员——缪伯英。原因很简单，缪伯英是何孟雄后来的妻子，并且她确实曾参加过北京工读互助团的第三小组。但事实上，易群先并非虚构人物，她本名叫易群仙，的确是国会议员易燮龙的女儿，也确实参加过北京工读互助团。1920年2月，不满旧家庭生活的易群仙加入了北京工读互助团的第一小组。这在胡适、赵世炎、傅彬然的相关回忆中都曾提及。历史上的易群仙，因为种种原因在互助团的生活过得并不愉快。她曾在给胡适的信中写道："我脱离家庭，不是争人格，谋精神的愉快吗？要是得不着好结果，倒不如去做小姐、少奶奶的好，先生，对不对？"那时易群仙已经离开家庭七个月了，"虽是得了些教训，却是学问方面毫无长进，一想到这上面，着急得很。我现在经济还不能独立，所以不能安心读书"。易群仙是受到新思潮感染而参加工读互助团的，主观上是为了脱离家庭，凭借的是一时的热情，因此，当她发现自己在互助团并不如自己所愿的"真能求学，真能自由"而"精神不爽快"时，最终选择离开互助团回归了家庭。

历史上曾参加北京工读互助团的青年中，既有像易群仙这样加入社团是为了追求个人的解放和自由的，也有一开始就超脱于个体，抱着拯救民族、改造世界的目的而来的，比如电视剧中出现的真实的历史人物施存统、何孟雄、俞秀松。

剧中，施存统自我介绍是浙江省立第一师范学校的学生，为了参加工读社特意来到北京，这是符合史实的。施存统在浙江读书时就深受新文化运动影响。他声称"凡是《新青年》所说的话，总是不错的了"，同时他还信奉无政府主义，向往着"各尽所能，各取所需"的理想社会。剧中大家称施存统为"非孝"先生，这缘于他发表的一篇著名文章。1919年春，施存统的母亲生病，他向舅母跪求才借到医药费。谁知施存统的父亲不仅将这笔钱挪作他用，还百般虐待施存统的母亲，致使施母含恨离世。悲愤之下，施存统写下《非孝》一文，控诉自己对母亲不能尽孝，对父亲却必须尽孝的苦闷。文中，他矛头直指孔夫子，坚决反对不自然的、单方面的、不平等的"孝"，并称要脱离家庭，做一个不孝的儿子。文章发表后引起巨大非议，导致施存统无法再继续学业。同年底，他到北京参加工读互助团。可以推测，"非孝"先生施存统对互助团应该是寄予了很大期望的。与单纯逃离家庭的易群仙不同，他有志于通过此次实验验证互助论，最终用以改造社会。互助团解散后，施存统也是对失败原因分析得比较多、比较深刻的一个。他说：他从此觉悟，要拿工读互助团为改造社会的手段，是不可能的，要想拿社会未改造以前试验新生活，是不可能的，要想用和平渐进的方法来改造社会的一部分，也是不可能的。那么怎么样呢？就是改造社会要用激进的激烈的方法，钻进社会里去，从根本上谋全体之改造。抱着反思的态度，施存统的觉悟不断提高。通过进一步的社会实践，他转变为马克思主义的信仰者。1920 年的初夏，在上海，施存统与陈独秀、李汉俊、陈公培、俞秀松四人商议成立马克思主义组织，从而成为中国共产党上海发起组成员之一，走上了革命的道路。

和施存统一样，俞秀松也是浙江省立第一师范学校的学生。他在校时就非常关心国家命运和前途，喜欢与同学们讨论救国之道。五四运动中，俞秀松等领导杭州市中等以上学校的学生举行罢课游行，并主编杂志《浙江新潮》。施存统的《非孝》正是发表在《浙江新潮》上，《非孝》引起的巨大争论导致杂志被北洋政府取缔，俞秀松也无法继续学业。1919 年底，他和施存统等几人一起到北京参加工读互助团。电视剧中，俞秀松在互助社做自我介绍时，曾满怀期待地说起自己加入互助社的原因："我的目的是想实验我的理想生活，想传播到全人类，使他们共同

享受到这份甘美。快乐、博爱、互助、自由的新生活才算完事！"这确实是俞秀松的真实想法。在接受了十月革命的影响，尤其是亲身参加了五四运动后，俞秀松就已经看到了劳动群众是人类社会历史每次变革的真正主力，他早在《浙江新潮》的发刊词中就表达希望："等到学生都投身劳动界，那么改造的目的就容易达到了。"俞秀松在工读互助社中，负责抄印讲义和制作粉笔等工作，同时在北大哲学系旁听李大钊、胡适等人的课。可惜的是，不过几个月，俞秀松"理想社会"的雏形就破灭了。在 1920 年 3 月的一封信中，他写道："现在社会制度的下面，想拿半天劳工所得的工资，万难维持全天的生活费……所以我们决计就要离开此地，到别的地方去了。"从互助社的失败中，俞秀松悟出了"要改造社会，终不能一时离开社会"的道理。于是，他选择投身到资本家的工厂中去，和工人一起，走上了真正与劳动人民相结合的道路。此后，俞秀松不仅和陈望道一起参加了马克思主义研究会，进一步研究马克思主义，宣传马克思主义，还受命于中国共产党上海发起组，组织了职工运动委员会，成为马克思主义的坚定信仰者。

电视剧中互助社里还有一个真实的历史人物就是何孟雄，他的身份在剧中也有过交代。他是湖南人，是在杨昌济等人的帮助下，从湖南来到北京，进入北京留法预备学校学习的。后来，他又到北京大学当了旁听生。作为新文化运动摇篮的北京大学为何孟雄打开了一个新的世界。在北大，他阅读了许多进步书籍，聆听了陈独秀、李大钊等许多新文化运动领袖的授课和演讲，思想上得到了很多启发。之后何孟雄开始积极投身于社会活动，并受到了李大钊的赏识和器重，逐渐成为北大学生运动中重要的骨干分子。1919 年 12 月，王光祈等人发起成立北京工读互助团。何孟雄当即报名参加了第一组，负责在俭洁食堂跑堂端菜，打打下手。后来工读互助团解散，何孟雄也认真总结了失败的教训。他逐步摒弃了工读主义，开始接受马克思主义，从而走上革命道路。在李大钊的带领下，何孟雄参加了北京大学马克思学说研究会，并在 1920 年 11 月参加了北京共产党小组领导下的社会主义青年团，随后成为北京共产党支部早期十三名成员之一。自此，何孟雄逐渐成长为中国共产党早期工人运动的活动家和领导者，先后在长辛店、京绥铁路、京汉铁路领导工人运动。中共六届四中全会结束不久，由于叛徒告密，何孟雄不幸被捕。1931 年 2 月 7 日，何孟雄等二十三名共产党员，在"中国共产党万岁""中国革命胜利万岁"的最后高呼中英勇就义。何孟雄牺牲时年仅 33 岁，他用奋斗书写，更用生命守护了对马克思主义的信仰。

（叶帆子）

巴黎和会牵动着万千中国人的心

巴黎和会指的是在 1919 年 1 月 18 日至 6 月 28 日，第一次世界大战二十七个战胜国成员，在法国巴黎凡尔赛宫召开的处置战败国的"和平会议"。我们说巴黎和会牵动着万千中国人的心，准确地说，能否在巴黎和会上解决山东问题，才是万千中国人最关心的事。

1897 年 11 月，三艘德国军舰突然驶入中国胶州湾。德国人借口两名德国传教士在山东被中国士兵杀害出兵强占胶州湾。1898 年，德国强迫清政府签订中德《胶澳租借条约》，规定将胶州湾及南北两岸租于德国，租期九十九年。从此，胶州湾沦入德国之手。

1914 年 7 月，第一次世界大战爆发。很早就对胶州湾虎视眈眈的日本军舰迅速出现在胶州湾海面。8 月，日本对德国宣战，并派兵占领胶州湾。尽管中国政府一再要求日本归还胶州湾，但日本不仅置之不理，还进一步侵占了山东省大部地区。1915 年，日本又一次拒绝从山东撤兵，更进一步提出了灭亡中国的"二十一条"。到了 1917 年，北洋政府向德国宣战，加入协约国，并派出了十余万劳工到欧洲参加战斗。1918 年 11 月，德国正式宣布投降。

《觉醒年代》剧中关于巴黎和会的重头戏，就是从这里开始的。

深夜，一阵急促的电话铃声惊醒了梦中的蔡元培。他拿起电话，那头传来汪大燮急促而兴奋的声音："子民，好消息，德国投降了！我们胜利了！"蔡元培不以为然，他认为欧战结束早就是预料中的事情了，不至于让汪大燮激动得夜不能寐，半夜里起来打电话。汪大燮则感慨道："快八十年了，中国第一次成了战胜国，你还能睡得着觉吗？""我们可是终于能扬眉吐气一回了，一定要大张旗鼓地庆祝一番。"

历史上，得知一战胜利的消息后，整个中国都沉浸在巨大的狂喜中，确实进行了大张旗鼓的庆祝。政府宣布放假三天，还举行了盛大的阅兵典礼和游行庆典。一直被视为中国耻辱的克林德碑也被移走。

克林德碑原坐落在北京的东单北大街。1900年，八国联军侵占北京时，神机营章京恩海射杀了德国驻华公使克林德。当时懦弱的清政府为表谢罪，于1903年在克林德被杀地点树起了这座石碑。十五年的屈辱后，中国自近代以来第一次成为战胜国。欣喜若狂的中国人冲到东单北大街，拆掉了克林德碑。按照陈独秀的记载，"东交民巷以及天安门左近，游人拥挤不堪。万种欢愉声中，第一欢愉之声，'好了好了，庚子以来举国蒙羞的石头牌坊（即克林德碑），已经拆毁了'"。

德国战败，中国一下子翻身成了战胜国。人们自然将解决山东问题的希望寄托在处置战败国问题的巴黎和会上。特别是美国总统威尔逊提出了解决战后问题的"十四条和平原则"，倡导公理战胜强权，更使得中国人民滋生了无限的希望。沉浸在公理战胜强权喜悦中的人们将克林德碑移至中央公园，在上面重新刻上了四个大字："公理战胜"。

不仅是民众，从政府反馈的消息来看，也是如此。剧中，在中国出席巴黎和会代表团的记者招待会上，中华民国外交总长陆徵祥满怀信心地表示，由于中国在输送十多万劳工参战之前，英法两国就曾允诺在战

后的和平会议上给予我们中国五个会议代表席位，以大国相待。因此，北洋政府对巴黎和会解决山东问题可谓是信心满满。当记者问起中国的这些要求是否都能得到满足时，陆徵祥成竹在胸地回答："公理定能战胜强权！"

和大部分国人一样，胡适和陈独秀都将希望寄托在美国总统威尔逊身上。胡适认为，巴黎和会中起主导作用的是美英法三国，威尔逊的主张就代表美英法三国共同的主张。所以在他看来，中国形势一片大好。陈独秀在仔细研究了威尔逊的"十四条和平原则"后，也肯定了威尔逊的真理必然能战胜强权。他还准备在《每周评论》上专门写文章好好地说一说威尔逊"这个世界上的第一好人"。李大钊却和他们意见不同。他提醒，既不能忘了还有个虎视眈眈的日本，也不能保证美英法三国真的会和中国站在一起。

李大钊的担忧是杞人忧天吗？公理真的能战胜强权吗？

很快，从巴黎和会上不断传来消息，情势急转直下。

首先，对于巴黎和会的绝大多数议题，中国连参加讨论的资格都没有。巴黎和会说是战胜国的盛会，实际上主要是美国总统威尔逊、英国首相劳合·乔治和法国总理克里孟梭说了算。按规定，只有涉及中国利益的时候中国才能派两个代表出席会议。和会已经进行十几天，中国连个出场的机会都没有。无法分享胜利成果也就罢了，中国唯一的期望就是收回德国占据中国的各项权益。但日本代表以在战争期间与北洋政府早有协议为由，拒绝交还侵占的青岛和胶济铁路。中国代表顾维钧等据理力争，指出无论从山东的历史、地理、文化方面，还是从中国对于德国处于战胜国的地位而言，胶州租借地、胶济铁路及其他一切权利应直接交还中国。面对中国人的抗争，日本政府派出驻华公使小幡酉吉直接向北洋政府施压。

日本的这一行径点燃了中国人民的愤怒。正如剧中汪大燮所言："政府里有人怕日本，中国人民并不怕日本。"各地学联、商团纷纷致信巴黎和会中国代表团，要求中国代表顶住压力，绝不卖国。李大钊在北大学生集会上发表誓死抵制日本、保卫山东的演说："在巴黎召开的和会，是我们中国第一次以战胜国的身份参加的国际大会。那么既然是国际大会，各国在会上维护自己国家的利益，提出自己正确的主张，乃是各国独立应存之大义，他国绝无干涉的道理。可是，就是因为我们的顾维钧顾专使代表了我们全体中国人在巴黎和会上申诉，要收回我们自己山东的权益，日本人竟然要求撤换他。同学们，你们说，我们四万万中国同胞能够答应吗？在这个提倡世界公平的大会上，我们提出了自己国家的正确主张，日本人竟然冲进了我们的外交部，进行恫吓，威逼我们屈服。同学们，你们说，我们四万万中国同胞能被吓倒吗？日本号称有陆军百万，随时准备应战，以威逼我们放弃山东的权益，同学们，你们说，我们能够因此而屈服，因此而惧怕吗？"

然而，此时的巴黎，日本还在步步紧逼，直接拿出了中日曾签订的密约，逼对中国有同情心的美国"不要再多管闲事"。在讨论中国山东问题的美英法意日五国会议上，中国参会要求被驳回。中国代表团为此三次拜会威尔逊、劳合·乔治和克里孟梭，三人均避而不见。

代表团别无他法，只能"不惜一切代价"求助威尔逊。代表们"不要脸面"地兵分五路，堵门蹲守威尔逊。在"堵"到威尔逊后，顾维钧恳求："尊敬的威尔逊总统，请您无论如何要帮助我们中国。""您提出的十四条和平原则在中国已经家喻户晓，几亿中国人都在眼巴巴地盼望着您主张的公理能够战胜强权。"但威尔逊的回答只有四个字：无能为力。

在第二天的大会上，尽管顾维钧据理力争，但英法两国以中国曾与

日本签约为由支持日本。美国也和日本秘密达成妥协，转而支持日本取得山东权益。事实上，巴黎和会本就是帝国主义列强的分赃会议，美英法只是拿中国问题作为同日本讨价还价的一个筹码。因此，他们不可能，也没想过使日本在中国问题上全面让步，更不愿意由此而导致他们自己在中国的既得利益受损。但在当时，很多中国人并没有看清这一点。

消息传回国内，中国人民顿时陷入极大的沮丧和愤怒之中。剧中，大量的华人华侨和留学生拥入巴黎包围了中国代表团驻地，"还我山东""还我青岛""还我公理"，口号声此起彼伏；一向彬彬有礼的蔡元培第一次骂出了"王八蛋"这样的粗口；李大钊、陈独秀连夜撰写文章，痛骂帝国主义行径；爱国学生郭心刚一夜白头……这些都真实地反映了当时中国人民的绝望。据史料记载，连当时的美国驻华公使芮恩施都发出感慨：世界上可能没有其他任何地方像中国这样对美国在巴黎的领导抱着如此大的希望……正因如此，那些控制巴黎的老头们的决定，使中国人民一下子坠入了黑暗的深渊。

电视剧中，顾维钧曾说起自己做过的一个梦："我曾经恍恍惚惚地看到北京的前门楼子变成了凯旋门，咱们几个人穿门而过，万众欢腾，人山人海。有老人，有孩子，有划旱船的，有扭秧歌的，万众欢呼着我们的名字。锣鼓震天，鞭炮齐鸣。这个时候，人群里面跑出个小男孩，他还点着了一挂鞭炮，点着就扔我脚底下了，围着我炸，我就左躲右躲。那鞭炮皮崩着我了，然后我就醒了。"

梦醒了，凯旋门变成了耻辱柱。巴黎和会中国外交失败，之所以引发国人如此强烈的反应，一个重要原因就是中国人在此期间经历了从大喜到大悲的巨大心理落差。巴黎和会是中国第一次以战胜国的身份参加的国际大会。当中国人满心欢喜地以为公理终于战胜强权，"像中国这种不好黩武的国家，会有机会不受阻碍地发展他们的文化、工业和文明"

时，却再一次沦为被列强玩弄的对象。于是，"什么公理，什么永久和平，什么威尔逊总统十四条原则，都成了一文不值的空话"。中国人近代以来屡遭伤害的民族感情，以及经过历次启蒙运动逐渐觉醒的爱国心与自觉心，即将迎来一次大爆发。

（叶帆子）

汪大燮给蔡元培报信引燃五四运动的导火索

　　汪大燮，生于 1859 年，原名尧俞，字伯唐、伯棠，浙江钱塘人。汪大燮出身世家望族，自幼聪颖，三十岁中举，考进士却屡试不第。后来，经同乡叶尔恺举荐给大学士张之万，进入总理衙门担任章京，由此开始涉足外交事务。汪大燮思想进步，趋向维新，与康有为、梁启超关系密切，曾参与维新团体北京强学会的活动。同时，他极具爱国心，在维护国家利益方面毫不含糊。八国联军侵华后，汪大燮反对签订丧权辱国的《辛丑和约》，还呈帖阻止与俄国另立专约，力言"万不能于和约外，别订条约，致启各国效尤之渐"。1917 年，汪大燮任外交总长期间，正值第一次世界大战。2 月，就中国政府是否应该参加一战，对德奥绝交、宣战，政府内外引发论争。汪大燮支持中国参战。参战实现后，在汪大燮的主持下，外交部积极与协约国集团谈判参战条件，尤其是直接与代管德奥在华利益的荷兰驻华使馆交涉，维护中国利益。这些行为不仅提高了中国的国际地位，也为中国后来能够参与巴黎和会打下了基础。

　　电视剧《觉醒年代》中，汪大燮是一个串联起北京大学与巴黎和会的重要人物。当时他的职务是外交委员会的委员长。巴黎和会前夕，外交总长陆徵祥将率代表团赴巴黎。鉴于代行外交总长职权的外交次长陈箓资历浅、声望低，难以应付外交大局，总统徐世昌便设立外交委员会，请已经辞去官职的汪大燮出山就任委员长，并规定：外交委员会不只是个咨询机关，凡关于和会的各专使来电，都由外交部送委员会阅核。因此，汪大燮成为中国代表团在巴黎和会外交决策的核心人物。

但是，汪大燮并不能左右整个局面。剧中，当徐世昌信誓旦旦地说起"巴黎那边怎么谈，全听你的"时，汪大燮就直言："一个曹汝霖就能把我的提案否决了，我看我是难有作为。"这里，汪大燮指的是在外交委员会上他所提的和会五大外交纲领中的第一条"破除势力范围"第三项"铁路统一问题"。汪大燮专门提出这一条就是为了将铁路管理权统一收归国有，打破帝国主义势力范围。本来，这条提案在外交委员会得到一致通过，准备电致巴黎中国代表团。谁知，亲日派的交通总长曹汝霖等人对此反对，提案竟被搁置下来。

尽管如此，汪大燮还是尽心尽力为巴黎和会筹谋。和会限定中国只有两个谈判代表的席位，而代表团由五名代表组成，五人分别是时任外交总长陆徵祥、时任驻美公使顾维钧、时任驻英公使施肇基、时任驻比公使魏辰组，以及南方军政府代表王正廷。对于其中仅有的两个谈判代表名额，徐世昌只是随意指派除陆徵祥外，剩下的一个名额让代表团成员轮流出席。汪大燮则慧眼识人，力挺顾维钧："陆徵祥身体不好，长时间住在瑞士。王正廷根本不懂外交，不能当主谈。我的意见是得让顾维钧排名到第二位，让他当主谈。"汪大燮的这个选择可以说是非常明智且具有远见的，从后来顾维钧在巴黎和会上的表现来看，在维护中国利益方面他的确是表现最佳的。

同国人一样，汪大燮对巴黎和会寄予了极大希望。在接受青岛民众的请愿书和万民折时，汪大燮慷慨激昂地发言："出席巴黎和会的中华

民国政府代表团已经顺利到达巴黎。他们将和各战胜国一起商讨并解决战后中国和德国的关系与利益，维护中国的主权和民众的利益。美英法意的驻华大使闻讯后也都要我向大家致意，他们将秉承公正正义的原则，保证各大小国家的领土完整和政治独立。因此，我们有理由相信，不远的将来，山东半岛将会被完整地交还给中国。因为，我们毕竟是这场世界大战的胜利者，我们理应享受应有的胜利果实。"

然而，巴黎和会事实上只是一次赤裸裸的分赃会议。中国的意见根本不受重视，用汪大燮的话来说"岂止是不顺当，是根本就没人待见"。和会上，对日本代表提出的把德国人在山东的权利转让日本这一要求，顾维钧据理力争。这引起了日本的不满，日本政府派出驻华公使小幡酉吉直接闯到中国外交部，要求陈箓致电中国代表团谨言慎行，否则将公布中日密约。陈箓不知如何处置，无奈向汪大燮求助。汪大燮老道地用手指拍了拍桌面上的报纸，暗示陈箓动员舆论营造声势。果然，日本公使恫吓之事一登报，国内民众群情高涨，纷纷给和会代表团发去电报，要求代表团顶住压力，绝不卖国。国人的高涨热情使得代表团坚定了态度。

然而，在日本公布中日密约后，美国的态度发生了变化。为保山东，汪大燮先是指示代表团不惜一切代价求助威尔逊，后又敦促代表团拿出妥协方案寻求美英法的支持。然而，一切都是徒劳。1919年4月30日，美英法同意德国在中国山东攫取的权利交由日本继承，并写入和约。

这天夜里，汪大燮接到了陈箓的电话。电话中陈箓带着哭腔："伯公，山东丢了！我们输了，彻底输了！"听到这，汪大燮瞬间红了眼眶："现在变成了输家，你我何颜以对国人？"低垂的国旗，转动的地球仪旁，汪大燮掩面恸哭。

巴黎和会上，中国已被逼入签字与否的死胡同。对此，汪大燮态度坚决，外交委员会全体委员签名，主张拒签和约。徐世昌则提出，陆徵祥主张签字，因为如不签和约，至少日本、英国、法国和意大利四国将会对我们发难，那样的话，我们丢掉的就不仅仅是德国在山东的权益，而是整个国家的权益。我们这个战胜国将真正一无所得。汪大燮勃然大怒，拍案而起："陆徵祥鼠目寸光、阳奉阴违、祸国殃民，当千刀万剐！""徐大总统、钱总理，你们睁开眼睛看看，中华民国要是在这个和约上签了字，你们还敢迈出总统府这个大门吗？"接着，汪大燮又分析道："陆徵祥纯粹是杞人忧天，胡说八道。巴黎和会的所有矛头都是针对德国的，凡尔赛体系必定把德国撕得粉碎，它怎么可能和中国讨价还价。但凡有外交常识的人，也不会提出这样的问题。"最终，在汪大燮的据理力争下，徐世昌同意拒签和约，交总理钱能训以国务院的名义发出拒签专电。

从总统府出来，气愤的汪大燮立即要求秘书给陆徵祥发报，准备痛骂他阳奉阴违。秘书告诉汪大燮，国民外交协会的林长民已经来告知了实情，原来陆徵祥根本就没有提出要签约，是段祺瑞要陆徵祥详细分析欧美各国包括德国对山东问题的态度，并从陆的报告中单独摘出了一段对德国的分析，还批了八个字：因小失大，得不偿失。曹汝霖才以此为据去找徐世昌，说陆徵祥主张签约。知道内情的汪大燮稍微松了一口气，但还是准备以个人名义给陆徵祥发加急电报。

5月2日，内线消息传出：国务院已经密电巴黎专使同意签约。林长民立即辞职，并留了一张字条给汪大燮："政府主签，我们当尽其所能反对。"汪大燮看后如当头棒喝："这个政府背信弃义，我绝不能跟它同流合污。"说着，他提起笔就要写辞职信。正在这时，陆徵祥电报传来，只七个字："请伯棠兄救救我！"汪大燮又气又急："徐世昌无耻！段祺瑞无耻！钱能训无耻！"揉碎了辞职信，汪大燮定了定神，让

秘书给陆徵祥发电报：他要我救他那他就要记住我的话，这个协议绝不能签。他要是签了，就成了中华民族不可饶恕的千古罪人！

汪大燮准备做最后一搏。他深知以己之力，无法挽回颓局，只有晓之于众，唤起民众，才有出路。这时，汪大燮想到了一个人。他立即赶赴北大，将外交失败和政府密令签字的消息告诉了蔡元培。历史上也确实如此。那么，汪大燮为什么在此紧要关头会想到与蔡元培商讨对策呢？这是因为，于公来说，当年2月汪大燮、蔡元培等一起倡议在北大组织成立了中国国际联盟同志会，为的就是促进中国争取国际舆论生存空间和增进各国对中国的了解，汪大燮亲任同志会代理理事长，蔡元培则为理事。于私来说，他们两人确实是志同道合、无话不谈的挚友。更重要的是，汪大燮看出了爱国学生中蕴藏的巨大力量。汪大燮恳求蔡元培救救山东。蔡元培表示为难，自己乃一介书生，又能做什么呢？汪大燮则语带恳切："你能，你蔡孑民有北大，北大后面有个中国。四万万中国人只要一条心，中国就不会亡！"蔡元培明白了汪大燮的意思，回到北大就开始布置师生行动起来，率先发出中国人拒签和约的声音。

将解决中国山东问题的希望寄托在美英法等列强身上，汪大燮固然有其局限性，但不能否认的是汪大燮始终尽职尽责，维护国家利益。眼见政府将签下丧权辱国的和约，汪大燮最终选择向蔡元培报信，求助学生，也是无可奈何之举。此后，汪大燮上书担保被捕学生出狱，也证明他爱护学生、忧国忧民都是出自真心。

（叶帆子）

五四这一天到底发生了什么事？

在电视剧《觉醒年代》中，关于五四这一天的描述是一段旁白，简单描述了这天发生的学生行动。那么，历史上的五四这一天到底发生了什么呢？

1919 年的 5 月 4 日是一个星期天。五四运动的亲历者、当时正在北大就读的杨振声在回忆文章中写道："五月四日是个无风的晴天，却总觉得头上是一天风云。"

上午 10 时，北京大学、北京高等师范学校、北京法政专门学校、北京工业专门学校等十三所大专学校的学生代表，按照前一天的安排，在位于堂子胡同的法政专门学校集会。会上通过了五项决议，其中包括通电国内外有关团体，呼吁他们抗议巴黎和会的山东决议案，也决定了当天下午的游行路线，即从天安门南出中华门，先到东交民巷使馆区，向美英法意四国使馆投递说帖，然后转入哈德门（崇文门）大街。

按照预定计划，从中午开始，北京各校参加游行的队伍就从四面八方拥入天安门广场。到了下午一点半左右，广场上已经聚集了三千多名各校学生，可谓是人如潮涌。学生们多数穿着长衫或黑色制服，手中拿

着各色小旗，上面是学生们自己手写的标语："还我青岛""收回山东权利""取消二十一条""宁为玉碎、勿为瓦全""诛曹汝霖、章宗祥、陆宗舆"……仔细看，其中还有用英语和法语写的标语。担任此次集会领导角色的北京大学的队伍因为在出校时耽误了时间，是最后一个到达的。他们的到来引起其他学校同学的掌声和欢呼声。

各校学生到齐后，集会宣布开始。首先，一位大学生代表宣读了由北大学生许德珩起草的《北京学生界宣言》。其中写道："夫至于国家存亡，土地割裂，问题吃紧之时，而其民犹不能下一大决心，作最后之愤救者，则是二十世纪之贱种，无可语于人类者矣。我同胞有不忍于奴隶牛马之痛苦，极欲奔救之者乎？"行文跌宕激越，爱国忧民之情溢于字里行间。按照当时参与学生后来的回忆，5月3日晚，十三所北京大专学校学生代表在北大法科礼堂召开集会时，公推出几位重要学生代表。其中傅斯年为游行总指挥，许德珩则负责起草宣言。

除了这份《北京学生界宣言》，现场还散发了由北大学生起草的另一份白话文传单，传单写道：现在日本在万国和会上要求并吞青岛，管理山东一切权利，就要成功了！他们的外交大胜利了！我们的外交大失败了！山东大势一去，就是破坏中国的领土！中国的领土破坏，中国就亡了！所以我们学界今天排队到各公使馆去，要求各国出来维持公理。务望全国工商各界，一律起来，设法开国民大会，外争主权，内除国贼，中国存亡，就在此一举了！今与全国同胞立两条信条道：中国的土地可以征服而不可以断送！中国的人民可以杀戮而不可以低头！国亡了，同胞起来呀！这份传单是那天唯一的印刷品，一共印了两万份，全部在五四这天拿到了街头散发。这篇传单由白话文写就，简单明白，尤其是喊出了"外争主权，内除国贼"的响亮口号，明确提出了此次运动的目标，因此，十分具有鼓动性和号召力。

　　集会完毕后，学生们在傅斯年的带领下，列队出发。队伍的最前面有两个学生，各自高举着一面巨大的五色国旗，其后的学生高举着黑白条幅："卖国贼曹汝霖、陆宗舆、章宗祥遗臭千古"；"卖国求荣，早知曹瞒遗种碑无字；倾心媚外，不期章惇余孽死有头。"其后还有北大学生谢绍敏以血书写下的"还我青岛"四个大字。学生们就这样按照计划，从天安门出发，出中华门，直奔东交民巷。学生们的爱国行动，深深地感动了不少北京市民。许多市民沿街而立，热泪盈眶地听着学生们呼喊的口号。还有一些人自发地加入学生当中去。

　　到了东交民巷巷口，巡捕拦住了学生队伍。东交民巷的使馆区是1901年清政府签订的丧权辱国的《辛丑条约》而划出来的"国中之国"。这里自设警察和管理人员，不仅中国人民不能入内，中国军警也不能穿行。学生们在多次请求通行未果后，决定公推罗家伦等四名学生作为代表，到美国公使馆递交说帖，表明誓死收回山东的民意，并恳求"予吾中国以同情之援助"。但是，这天是星期天，美国公使不在，由一位参赞收下了说帖。学生们给美国公使递交说帖，说明学生们对美国还抱有幻想，仍然将收回山东的希望寄托在美国讲"公理"之上。英法等国使馆也有学生代表前往交涉，但都是答应代为转交说帖。

　　此时，学生们已经在东交民巷的西口等待了两个小时，仍然被禁止穿越使馆区游行。明明是中国的土地，中国人却不能自由通行，这令学生们激愤的情绪开始发酵。突然，人群中有人高喊："到卖国贼家去！"这个响亮的口号立即得到了学生们的赞同。大家开始高呼："到卖国贼家去！""我们除去卖国贼！"去曹汝霖住宅本不是当天游行的计划，因此，傅斯年一开始试图劝阻学生们冷静下来，但此时的学生们显然已经听不进去傅斯年的意见了。傅斯年只好扛起大旗，带着队伍退出东交民巷，往北行进，学生们浩浩荡荡地逼近赵家楼的曹宅。

下午 4 点半左右，学生们到达曹宅。这里早已经门窗紧闭，警察林立。学生们一边将手中的小旗抛入院内，一边要求曹汝霖亲自出面解释签订秘密协定的原因。很快，前来阻拦的警察与示威学生发生了争执。场面一下子混乱了起来。有的学生开始跟警察理论，有的学生向窗口和院内扔石子，还有的学生在寻求破门之路。就在学生们无奈准备退走时，曹宅的大门忽然打开了。原来有五名不肯屈服的学生爬上墙头，打破窗户，跳入了宅内从里面打开了大门。一时间，大批学生冲进了曹宅。

学生们首先进入大厅，但大厅内空无一人，于是学生们将曹家的一些家具、装饰物砸毁。然后，穿过花园，进入内厅，碰上了曹汝霖的父亲和侍妾。但学生们没有伤害他们，而是让警察将他们带走了。恰在这时，学生们看见几个警察和佣人围着两个穿西服的男子往外跑。学生们认定那就是曹汝霖，于是追赶上去就打。学生们因为弄不清楚这两个人的身份，恐怕打错了人就放了手。第二天一看报才知道，被打得头破血流的那个人正是卖国贼章宗祥，而保护他的那个人是日本记者中江丑吉。

由于找不到曹汝霖，激进的学生采取了自发行动，场面开始失控。据当事人回忆："匡互生遂取出预先携带的火柴，决定放火。段锡朋发觉后，阻止匡互生说：'我负不了责任！'匡互生毅然回答：'谁要你负责任，你也确实负不了责任。'结果匡和一些学生在汽车房找到一桶汽油，高呼着'烧掉这个贼窝！'汽油泼在小火炉上，当时火就烧了起来。"

火光和黑烟冲天而起，学生们看着火了，又生怕打死了人，都纷纷跑出门，四散而去。事件升级，北京政府的步兵统领李长泰和警察总监吴炳湘带领大批军警赶到，没来得及离开的三十二名学生被逮捕。

当晚 7 点，游行学生被捕的消息很快在北京城传开，传言被捕学生即将受审，甚至可能被处决。这使得仍处在激愤中的学生怒不可遏。当晚，各校学生纷纷举行会议，商讨营救方案。在北大学生的集会上，蔡元培站了出来，宣布将由他来营救被捕学生。

夜幕降临，喧闹了一天的北京城重回寂静。群情激荡的五月四日就这样结束了。可以看出，学生们一开始策划的只是一场示威游行，火烧赵家楼、痛殴卖国贼"非原意之所及"。但如果不是这把火，军警就不会抓捕学生，就不会引发大规模的学生和市民抗议。那样，五四将会是另一种结局。历史没有"如果"，即使是参与五四这天行动的学生们，也未曾想到，这一日的事件最终会酿成轰轰烈烈的全国性爱国运动，成为新民主主义革命的伟大开端。

（叶帆子）

郭心刚与他的原型五四烈士郭钦光像不像？

在电视剧《觉醒年代》中，当陈独秀与胡适为了是否应该将北京大学迁至上海据理力争时，陈独秀说了一句话："中国之所以这么窝囊，就是因为郭心刚太少，胡适之太多了。"

陈独秀的这句话可以看作是他对郭心刚的最高肯定。在《觉醒年代》剧中，郭心刚的出场次数并不多，但留下了不少令人记忆深刻的场面。这些场面刻画出了一个有血有肉、忧国忧民的正直青年，在那个时代的彷徨与无奈、觉醒与抗争。

郭心刚初登场是在日本。第一集，早稻田大学内，当北洋政府签订"二十一条"，允许日本继承德国在山东一切权利的消息传来，留日学生们激愤不已。郭心刚先是与说风凉话的张丰载爆发矛盾，他气愤指责，就是因为有张丰载这样的麻木之人，中国才会沦落到如此地步。接着，因为陈独秀说了一句"这样的国，无药可救"，郭心刚直接过去打翻人家的饭盒，大声痛斥陈独秀"简直是无耻"，连一旁的章士钊都责备他"过分了"。从这里可以看出，初登场的郭心刚虽然带着些许冲动鲁莽，但无疑是一个一身血性、抱有拳拳爱国之心的青年。

此后，郭心刚回国，进入北京大学，追随陈独秀、李大钊等，成为新文化运动的一员小将。他在课堂上与黄侃辩论，要求北大开除辜鸿铭，和陈延年等试验工读互助社……在那个晦暗不明的年代里，他敢于发声、勇于实践，愿意为探寻救亡图存的真理而付出自己的努力。

郭心刚在《觉醒年代》剧中被设定为青岛人，因此，他在剧中的许多高光时刻主要是围绕着"收回青岛"问题展开的。

首先，在课堂上与导师胡适就"做学问"还是"谈政治"而展开了一番争论。

当胡适责备郭心刚不该在课堂上喋喋不休地讨论山东问题时，郭心刚不卑不亢地阐述了他的观点："学术和政治是不可能完全分离的。所谓覆巢之下，焉有完卵？如果一个国家连主权都保护不了，还有什么学术可言？"胡适则坚持："山东问题的决定权在威尔逊，而不在你一个学生。学生的任务就是学习，学习最好的状态就是心静如水，而不是心怀小鹿。"对此，郭心刚据理力争："先生，中国的大学生并不多，如果连我们都不关心山东的问题，他威尔逊一个外国人凭什么要关心我们的山东。把山东的主权问题拴在一个外国人嘴上，学生认为是靠不住的。学生对不起，我做不到心静如水。"

一来一往，高下立判。联想起陈独秀的那句"郭心刚太少，胡适之太多"，果然不错。

一战结束后，中国作为战胜国得以参加巴黎和会。为了要求政府在和会上收回被德国强占的青岛，郭心刚的堂弟和同乡们带着请愿书和青岛民众签名的万民折赶赴北京。外交委员会接待大厅，当汪大燮郑重地接受青岛民众的请愿书和万民折，并许诺"我们有理由相信，不远的将来，山东半岛将会被完整地交还给中国"时，郭心刚情不自禁地振臂高呼："中国万岁！"

　　谁料正当郭心刚满心欢喜地以为青岛即将收复，畅想着带白兰去家乡的栈桥、大海看看时，巴黎和会外交失败的消息突然传来。得知山东即将不保，郭心刚失踪了。等大家找到他时，他竟然已经一夜白头。巴黎和会的失败一下子掏空了这个年轻人的灵魂，摧垮了他的精神。

　　随后，在郭心刚的诉说中我们得知，他的父亲原是清朝登州总兵手下的将领。1897年德国强占胶州湾时，郭心刚的父亲在即墨抗击德军，后被革职还乡。此后青岛就成了郭心刚父亲的心病。父亲临死前嘱咐郭心刚，青岛是在他手上弄丢的，什么时候青岛收回来了，定要"家祭无忘告乃翁"。说完这些，拽着李大钊的袖子，郭心刚像个孩子一样带着哭腔询问："先生，心刚不明白呀，我们不是打赢了吗？德国打败了，青岛该收回来了啊！我本来想到父亲的坟前跟他说，爹您看现在青岛收回来了！青岛收回来了！可现在这是怎么了？"国仇家恨，他对无法收复青岛痛彻心扉。

　　面对郭心刚发自灵魂的拷问，陈独秀和李大钊回答："帝国主义的政府是靠不住的，中国的封建政府也靠不住。什么靠得住呢？我们自己！这个时候，我们只能，而且应该站出来，用我们自己的力量，拯救我们自己的国家。"

　　五四运动的号角旋即吹响。为捍卫国家主权，北京十三所高校的三千多名青年学生走上街头，举行了规模浩大的示威游行。学生队伍中，郭心刚拖着病体，艰难地移动着。手执以自己的鲜血写下的"还我青岛"的标语，他步履踉跄，但眼神始终坚定。然而，这个曾经意气风发的青年，在向着光明蹒跚前进的路上最终倒下了。

　　病房中，陈独秀、李大钊等人与郭心刚作了最后的告别。知道自己大限将至，眼看着国家如此落后羸弱，政府腐败无能，郭心刚的心中充满了痛苦和绝望，他发出了最后的疑问："国家濒危，当局却以狮子搏兔之力弹压我等爱国之心。让我感到在自己的国家和在日本一样地受欺负。这样的国家还有什么希望？"弥留之际，郭心刚将"还我青岛"血书交给了陈独秀，并请白兰在他死后将他的骨灰带回青岛老家，和父亲埋在一起。等中国收回青岛的那一天，请她再去坟前告诉他和父亲。

郭心刚并非完全虚构的人物，他的历史原型是五四烈士之一的郭钦光。郭钦光，原名郭书鹏，字步程，和剧中的设定不同，他是今海南省文昌人。郭钦光的父亲也不是军官，而是普通农民，且很早就去世。郭钦光自幼聪颖好学，且极具爱国心。1915 年 5 月，在得知袁世凯与日本密谋签订"二十一条"后，在广州初等师范学校读书的他就曾在广州动员同胞召开国耻大会，发表演说，面对军警的刺刀白刃，岿然不为所动。1917 年夏，郭钦光考入北京大学预科班。1919 年五四运动爆发时，郭钦光已身患严重肺病，本该住院治疗，但他仍抱着"以死作气、以命醒民"的决心，同爱国学生一起上街游行示威。当看到学生的爱国行动遭当局镇压，当得知政府扣押学生且拒不放人，郭钦光"愤然大痛，呕血盈斗"。连日的疲劳使他心力交瘁，病情加重，被紧急送医。在医院里，他最关心的是被捕学生有没有被释放，当得知学生一直未被释放，他对北洋政府更加绝望。5 月 7 日，年仅 24 岁的郭钦光带着遗憾与不平离世，留下了对北洋政府最后的控诉："国家濒危，政府尤以狮子搏兔之力，以压一线垂尽之民气。"

郭钦光死了，他并非因战斗而死，也并非被反动势力镇压而死，他是为国为民忧愤郁结而死的。这样的殉国者，同样让人感到惋惜，同样值得钦佩。由于郭钦光是五四运动中牺牲的第一位学生，因此他的死讯震动了全国。一时间，悲愤的情绪在民众心中蔓延，全国各地纷纷自发举办追悼大会，悼念郭钦光。5 月 11 日，直隶第一女子师范学校学生五百多人在东马路青年会组织了郭钦光追悼会。第二天，天津市各中等

以上学校学生一千多人在河北公园举行追悼大会。5月18日，北京各校五千多人在北大法科礼堂为郭钦光召开追悼大会。蔡元培亲自为郭钦光题词"疾风劲草"四字，郭钦光的遗像两旁挂着"力争青岛，死重泰山"八个大字，会场密密麻麻地悬挂着全国各界送来的三千多副挽联。接着，济南、广州、上海、苏州、武汉学界纷纷为悼念郭钦光而举办了追悼大会。各界书写的挽联、祭词满满都是国人对郭钦光的敬重："捐躯报国，杀身成仁""是为国殇，不愧英雄""号血千秋壮国光，几同马革裹沙场。从今才识书生价，胜却峨冠坐庙堂"……剧中陈独秀为郭心刚所撰写的挽联"君去矣，甘将热血红青岛；我来也，不许狂奴撼泰山"，正是上海学界悼念郭钦光的一副挽联。

鲁迅在《热风》中曾写道："愿中国青年都摆脱冷气，只是向上走，不必听自暴自弃者流的话。能做事的做事，能发声的发声。有一分热，发一分光。就令萤火一般，也可以在黑暗里发一点光，不必等候炬火。"郭钦光正是这样的中国青年。在万马齐喑的乱世之中，眼见政府软弱无能，人民受尽屈辱，他依旧以自己的热气、用自己的生命点燃黑夜的光亮。郭钦光没有白白牺牲，是他让已濒临绝望的中国人感受到了肝胆照乾坤的浩然之气。北大学生许德珩在郭钦光追悼大会上曾立下誓言："今日追悼郭君，实无异追悼我们自己。因郭君未了之事业，全凭我们继行其志，做到他现在的地位，方肯罢休。"在郭钦光事迹的激励下，越来越多的中国人民投入轰轰烈烈的爱国运动之中，将五四运动推向了新的高潮。正是无数个像郭钦光一样的勇士和斗士，用双手、用鲜血、用生命换来了剧中陈独秀所说的"整个中国的生机盎然"。

（叶帆子）

五四运动学生领袖的不同人生

　　三人成众，开启民智，这便是鲁迅为北京大学设计的校徽的含义。北京大学是新文化运动的中心、五四运动的策源地。这不仅因为北京大学聚集了陈独秀、李大钊、蔡元培、胡适、鲁迅等一大批具有科学与民主精神的知识分子，更因为这里还产生了一大批被新文化运动唤醒、勇于追求救国真理的青年学子。正是由于北大师生合力，才最终鼓荡起了一股强大而蓬勃的力量，将五四运动引导成为一场中国人民为拯救民族危亡、捍卫民族尊严、凝聚民族力量的伟大的社会革命运动。

　　然而，随着五四运动发展到后期，这群青年学子逐渐走上了不同道路。正如毛泽东后来总结的，五四运动的发展，分成了两个潮流。一部分人继承了五四运动的科学和民主精神，并在马克思主义的基础上加以改造，另一部分人则走到资产阶级的道路上去。

　　毛泽东口中走到资产阶级道路上去的，其中就有五四运动的学生领袖傅斯年和罗家伦。傅斯年和罗家伦都是北京大学的学生，是胡适指导的《新潮》杂志社的主要成员。新文化运动中，他们曾利用《新潮》杂志不遗余力地宣传新思想、新文化和新科学。五四运动中，他们也是带

头人。傅斯年是学生游行的总指挥，是走在游行队伍最前面的学生领袖。而罗家伦更是"五四运动"这一名词的首创者。1919 年 5 月 26 日，罗家伦在《每周评论》上发表《五四运动的精神》一文，第一次以"五四运动"称呼学生、民众的爱国运动。五四游行中，"外争主权，内除国贼"这个响亮的口号，也是他提出的。

可是，这两个五四运动的学生领袖，先后背离了这场爱国学生运动的精神。第一个动摇的是傅斯年。傅斯年最初设想的学生示威游行应该是"有纪律的抗议"。因此，五四那天，游行示威队伍要求转到曹汝霖家去时，傅斯年就曾劝阻学生们不要去。之后，爱国学生的一把大火更是超出了傅斯年的预期。目睹示威游行逐渐升级后，作为五四游行总指挥的傅斯年，竟然选择在示威活动尚未结束的时候就离开了现场。5 月 5 日，傅斯年更是与一个冲动到失去理智的同学打了一架，甚至赌咒不到学生会里来工作。就这样，当学生运动真正如火如荼地开展起来时，手举"五四"大旗的游行总指挥傅斯年却早早地退出了。

而罗家伦，作为五四运动的主要干将，则是直接对自己曾积极参与"五四"一事，表达了懊悔之情。在 1920 年 5 月五四运动刚刚一周年的时候，他在一篇纪念文章里说："五四运动唯一的成绩，就是能够使中国'动'！"接着，他不无遗憾地写道："从六三胜利以后，学生界有一种最流行也是最危险的观念，这就是'学生万能'的观念，以为我们什么事都能办，所以什么事都要过问，所以什么事都过问不好，而且目标不专，精力不粹，东冲西突，自己弄得筋疲力尽，而敌人也得乘虚而入"，长此下去，"不仅人才破产，而且大家思想一起破产"。

主动远离了学生运动的傅斯年和罗家伦，随后走上了追求"个人成长"的道路。傅斯年（1896 年 3 月 26 日—1950 年 12 月 20 日），初字梦簪，字孟真，山东聊城人。1919 年夏天，傅斯年从北大毕业后，在胡适的帮助下，受到政府资助出国深造。他先后进入伦敦大学研究院、柏林大学哲学研究院，学习实验心理学、生理学、数学、物理等不同专业。1926 年冬，傅斯年回国，第二年受聘于广州中山大学，开始将注意力转移到历史学方面，并取得了一定成绩。1928 年在广州创立"中央研究院历史语言研究所"，简称"史语所"，并任所长。第二年，史语所迁到北平，傅斯年兼任北大教授。抗战期间史语所迁到四川李庄。抗战后，他一度代理北京大学校长。1949 年 1 月，傅斯年随历史语言研究所迁至台北，兼台湾大学校长。1950 年 12 月 20 日，傅斯年突患脑溢血病逝，享年 55 岁。

罗家伦（1897 年 12 月 21 日—1969 年 12 月 25 日），字志希，笔名毅，祖籍浙江绍兴，生于江西进贤。罗家伦同样选择了出国留学。1920 年秋，他先后赴美国普林斯顿大学、哥伦比亚大学留学。1926 年，罗家伦回国，开始从政，担任了国民革命军总司令部参议、编辑委员会委员长等职。1928 年后，罗家伦先后担任清华大学校长、武汉大学历史系教授、国民党中央政治学院教育长、中央大学校长等职。

有彷徨犹豫而后退者，自然也有不畏牺牲的冲锋者。在北大五四运动学生领袖中，许德珩和邓中夏就是毛泽东所说的"继承了五四运动的科学和民主精神，并在马克思主义的基础上加以改造"的马克思主义者。

许德珩（1890 年—1990 年 2 月 8 日），原名许础，字楚生，江西德化（今江西九江）人。许德珩在入北大之前，曾在江西九江投笔从戎，参加过宪兵队，还做过九江都督李烈钧的秘书。因此，较之其他同学，许德珩对时局的判断更为老成，对政治的看法也更为激进。五四当天，在天安门广场宣读的《北京学生界宣言》就是他起草的。《宣言》中，他大声疾呼，"不得之，毋宁死"，"至有甘心卖国，肆意通奸者，则最后之对付，手枪、炸弹是赖矣。危机一发，幸共图之！"到了美国使

馆时，许德珩又作为学生代表之一，入馆递交说帖。同时，许德珩还是军警在曹宅现场逮捕的三十二名学生中的一员。在被捕当晚，许德珩就在步军统领衙门监房里写下一首诗："为雪心头恨，而今作楚囚。被拘三十二，无一怕杀头。痛殴卖国贼，火烧赵家楼。锄奸不惜死，爱国亦千秋。"5月7日，在各方营救下，许德珩等三十二名学生被释放。

大学毕业后，许德珩也选择了出国留学。不过，不同于拿着资助留学的傅斯年、罗家伦，许德珩选择了去法国勤工俭学。许德珩回忆说，当时不太可能直接去苏联留学，于是就去了法国，采取既做工又可求得学问的勤工俭学办法。归国后的许德珩逐步开始从事马克思主义著作的翻译工作。同时，他坚持在民族救亡运动中继续发挥积极作用，还曾因投身抗日救亡运动，被国民党当局逮捕入狱。1946年5月4日，许德珩等人组织的九三学社在重庆正式成立，九三学社和中国共产党肝胆相照，同舟共济。中华人民共和国成立后，他曾任水产部长、全国政协副主席、全国人大常委会副委员长。1979年，许德珩以89岁高龄加入中国共产党。他在自己回忆录的最后写道：我能在垂暮之年，由一个爱国的民主主义者转变为共产主义者，我感到无限光荣。我要永远为党工作，为共产主义事业奋斗终身，死而后已。1990年2月8日，许德珩在北京病逝，享年100岁。

邓中夏（1894年10月5日—1933年9月21日），字仲澥，又名邓康，湖南省宜章县人。邓中夏在五四运动前，就和同学们一起办起了《国民》，加入了李大钊组织的平民教育讲演团。为了"增进平民知识，唤起平民之自觉心"，邓中夏带领讲演团的成员穿行于街头巷尾，热情发表演讲，向群众宣传反帝反封建的道理。五四运动中邓中夏成为北大学生领袖之一，后来又在5月6日成立的北京中等以上学校学生联合会上被推举为联合会总务干事。1920年3月，邓中夏加入马克思学说研究会，正式确立了共产主义的世界观和对马克思主义的政治信仰。

1920 年夏，邓中夏同样面临大学毕业。摆在他面前的有两个大好前途：一个是邓中夏在北洋政府行政院做书记官的父亲，早早地为他在农商部谋好的官职；还有一个是蔡元培、胡适为他准备的欧洲留学名额。是选做官还是选深造？邓中夏作了一个令人意外的决定，两个都不选。当他将聘书寄还农商部后，父亲问他为什么这样做，他回答：我不做官，我要做人民的公仆，公仆就是大众的长工。

怀有共产主义崇高理想的邓中夏既没有去做官也没有出国，而是去了北京远郊的长辛店机车厂。在那里，他和工人兄弟一起生活，一起劳动，向工人宣传进步思想。1921 年 1 月，他创办了中国第一所工人文化学校——长辛店劳动补习学校。他在学校讲的第一堂课，就是《工人最伟大》。随后的几年里，邓中夏先后领导了长辛店铁路工人大罢工、上海工人大罢工、省港大罢工，逐渐成长为中国共产党早期杰出的工人运动领袖。邓中夏是中共第二届、第五届中央委员，第三届、第六届中央候补委员，中央临时政治局候补委员。1933 年 5 月，邓中夏在上海工作时被捕。面对敌人的威逼利诱，他不为所动；面对敌人的严刑拷打，他宁死不屈。他说："就是把邓中夏的骨头烧成灰，邓中夏还是共产党员。" 1933 年 9 月 21 日，邓中夏高呼着"打倒国民党反动派！""中国共产党万岁！"在南京雨花台英勇就义，时年 39 岁。

剧中，陈独秀曾对胡适说过："从新文化运动到五四运动，这是个因果关系，前者是思想启蒙，后者是付诸行动，不管你乐不乐意，这些都是你我这些年，直接推动的结果……世界潮流浩浩荡荡，顺之则昌，逆之则亡。我们要做促进派，不能做投降派。"或是促进派，或是投降派，傅斯年、罗家伦、许德珩、邓中夏，这些曾经在新文化运动中并肩战斗的青年，最终在五四运动后，因为对运动的认识不同，心中追求不

同，选择不同的信仰，走上了不同的道路。

（叶帆子）

五四那天胡适在干什么？

1919 年 5 月 4 日，包括北大在内的十三所北京高校学生为拒签巴黎和会条约走上街头，游行示威，火烧赵家楼，导致三十二名学生被捕。就在蔡元培、李大钊、陈独秀为营救被捕学生、扩大运动影响东奔西走，连复古派的辜鸿铭、刘师培都站出来保护学生之时，却独独没有看到新文化运动"三驾马车"之一胡适的身影。那么，五四那天胡适到底在干什么？

事实上，五四那天，胡适不在北京。

五四运动前夕，中国人民的目光都聚焦在巴黎和会上，都在为中国能否收回德国在山东的权益而忧心不已。可这一段时间，胡适的心里只有一件事，那就是他的导师杜威即将来华讲学。

约翰·杜威，美国著名哲学家、教育家、心理学家，是实验主义哲学的代表人物之一。胡适、陶行知、郭秉文、张伯苓、蒋梦麟等一批后来知名的中国学者，都是他的学生。作为杜威的弟子，胡适自然也是实验主义哲学的忠实信徒，在电视剧中也可以看到胡适张口闭口，嘴边经常挂着"实验主义"。

那么，实验主义哲学到底是什么样的哲学？实验主义是 19 世纪末 20 世纪初产生于美国的一种哲学思潮，从本质上来说，属于主观唯心主义的范畴。经验就是生活，生活即应对环境，这是杜威实验主义哲学的基本观念。胡适为了说明白什么叫实验主义，曾举过一个例子："科学家当他试验的时候，必须先定好一种假设，然后用试验的结果来证明这假设是否正当。譬如科学家先有了两种液体，一是红的，一是绿的。他定了一个假设，说这两种液体拼合起来是要变黄色的。然而这句话不是一定可靠，必须把他试验出来，看看拼和的结果是否黄色，再来判定那假设的对不对。实验主义所当取的态度，也就和科学家试验的态度一样。"

1919 年初，杜威到远东旅行。期间，他在日本东京帝国大学做了短期讲学。教育家陶行知得悉了这一消息，立即与杜威取得联系，然后又从南京写信告诉胡适，希望能够一起促成杜威来华讲学。胡适自然是万般同意，立即给杜威写了邀请信。再加上蒋梦麟，他们三个经过几番商量，在 3 月分别代表北京大学、北大知行学会和江苏省教育会，邀请杜威来华讲学。很快，杜威答应在日本讲学完毕后直接来中国讲学。

剧中，胡适得知这个消息后兴奋异常，心里便只剩这一件事。陈独秀找他协助创办《每周评论》，他推脱："我的导师杜威先生马上就要来华讲学，他的很多事情都要去联系，还要去张罗。"学生们找他翻译青岛民众的请愿书，他推脱："我的导师杜威教授马上就要来华讲学了。我要翻译他的演讲稿，还要安排他的日程，安排他的演讲地点、考察地点。"等到杜威行程一定，他更是迫不及待向陈独秀请假，筹备杜威来华事宜。

没几天，中国政府在巴黎和会外交失败消息传来，全国上下激愤异常。北大师生大动员，蔡元培紧急召开会议，动员北大利用所有平台和

手段，进行最后的抗争；李大钊、陈独秀连夜撰写文章，痛骂帝国主义
行径……而此时的胡适心里还是只有他的导师杜威。就连他的妻子江冬
秀都问："我听说，这两天北大都要忙死了，你这个时候出去合适吗？"
胡适却满不在乎地回答："国家和北大的事情缺了我能行，可是我的老
师杜威先生来到中国，缺了我，他是寸步难行。"

随即，胡适向蔡元培请假去上海接导师。蔡元培委婉地提醒胡适这
个时候离开北大容易授人以柄，并袒露了自己的担忧："我心里总担心
北大要出大事。"

胡适则并不太在意："先生，您也别太着急，不会出什么大事的。
只要我们摆正自己的位置，不要以为有了北大就能包打天下。你想，先
生，巴黎和会它会听咱们北大的吗？不会的。只要咱们表明自己的态度，
尽力就是了。"

因为巴黎和会不会听北大的，那么我们尽力就是了，蔡元培听到胡
适的话有些生气，但还是提出希望胡适早去早回："我身边没有帮手，
你走了就剩下仲甫和守常两个人。你们几个新文化的主力缺了一个，这
力量就小了。"

胡适则回答："您说到仲甫，我最担心的就是他。他这个人您了解，
做事一向刚愎自用，脾气暴躁，遇事容易走极端，搞不好会捅娄子的。
所以这次我去上海，我请他跟我一块去，可是他不愿意去。"

这一番对话其实袒露了胡适的心声。与陈独秀和李大钊不同，比起
北大，比起国家，胡适还是认为迎接自己的美国老师这件事情更加重要。

历史上，杜威是在 1919 年 5 月 1 日到达中国上海的，而胡适在 4
月底就专程从北京赶到上海准备迎接杜威。为了给杜威这次的中国之行
造势，胡适不仅在《新青年》第六卷第四号上撰写了介绍实验主义哲学
的长篇文章，还接连在北京、上海专门做了关于实验主义哲学的演讲。

5月3日，杜威在上海作了来华后的第一次学术演讲，胡适担任翻译。演讲大获成功。于是，第二天，也就是五四这天，胡适等人在蒋梦麟家中宴请杜威，还喝了不少酒，完全不知道北京正在发生的事情。直到5月5日一大早，正在蒋梦麟家享用早餐的胡适等人，才从几个不请自来的记者口中得知北京发生的学生游行。北京学生们的爱国行动在全国上下掀起了轩然大波，却没有改变杜威以及胡适的行程。5月5日，杜威在蒋梦麟的陪同下前往杭州演讲，作为北大教授的胡适也没有急着回北京，而是选择留在了上海。关于五四运动的详细经过，他则是在5月7日收到陈独秀的来信后得知的。不过，他在这一天参加了上海市民为响应北京学生爱国运动而召开的国民大会。但是，胡适既没有参与策划大会，也没有在会上发表演讲，只是做了一名看客。他在日记中写道："我要听听上海一班演说家，故挤到前台，身上已是汗流遍体，我脱下马褂听完演说跟着大队去游街，从西门一直走到东大门，走得我一身衣服从里衣湿透到夹袍子。"

胡适是公认的新文化运动的领导人，又是北京大学的教授，但在北京大学真的出了大事的时候，一直没有返回北京，返回学校。一直到5月12日，胡适才回到北京。这其实也表明了胡适对五四运动的态度，他并不支持学生卷入这种实际的政治纠纷中。胡适一贯主张学生应该专心读书，主张"读书救国""教育救国"，而认为政治救亡的工作应该由政府去管，"年轻学生，身体尚未发育完全，学问尚无根底，意志尚未成熟，干预政治，每易走入歧途，故以脱离政治运动为妙"。五四运动一周年时，胡适曾和蒋梦麟联名发表《我们对于学生的希望》。文中就说："荒唐的中年老年人闹下了乱子，却要未成年的学子抛弃学业，荒废光阴，来干涉纠正，这是天下最不经济的事。"

胡适主张学生应该学习，大学应该搞学问，这本没有错。但那是个什么样的时代？列强侵略，国土沦丧，民不聊生，哀鸿遍野。剧中，第十九集，陈独秀就曾问过胡适："这做学问固然没错，但是，举国维艰之时，责任不是更重要吗？"后来，胡适主张为了保护北大应该将学校迁往上海，陈独秀就坚决反对："国家危亡之际，应该考虑的不是一个人，一群人，一个小阶层，而是整个中国，全部四万万人。""救国与做学问，孰重孰轻，孰大孰小，不辩自明。个人和国家的命运是分不开的。"

恽代英就曾致信胡适说："国不可以不救。他人不去救，则唯靠我自己。他人不能救，则唯靠我自己。他人不下真心救，则唯靠我自己。"就连胡适的导师杜威在目睹了五四运动后都直言："这些参加游行的孩子们，竟然负起了一场政治改革的领导责任，受到人民的欢迎，这真是一个了不起的国家。"

国家大事面前，是国事为大，责无旁贷地尽自己全部的力量，还是斤斤计较掂量个人得失？这不是小事，这是最能体现民族气节的大是大非问题。后来，胡适与陈独秀、李大钊的决裂也就有迹可循了。

（叶帆子）

陈独秀没有参加五四游行怎么就成了五四运动时期的总司令？

"陈独秀是五四运动时期的总司令"这个说法源自毛泽东。1945年4月，毛泽东在中共七大预备会议上作报告。报告中关于陈独秀，毛泽东有这样的评价："关于陈独秀这个人，我们今天可以讲一讲，他是有过功劳的。他是五四运动时期的总司令，整个运动实际上是他领导的。"

那么，陈独秀没有参加五四游行怎么就成了五四运动时期的总司令呢？这大概有两个原因。

一是因为陈独秀最早为五四运动指明了方向。巴黎和会风云突变，中国作为战胜国却丢掉青岛，成为西方列强的牺牲品。中国公众顿时陷入沮丧和愤怒之中。

电视剧《觉醒年代》第二十七集有一个重要情节，蔡元培知道北洋政府准备在丧权辱国的巴黎和约上签字后，召集《新青年》编辑商量对策。蔡元培沉重地说："我们都清楚，爱国是我们北大的宗旨，在国家民族出现大难的时候，我们绝不可能袖手旁观。刚才我跟汪大燮说，国难当头，我蔡元培不下地狱，谁下地狱？"

李大钊立即响应："蔡先生，我跟您一起下地狱。"

刘半农也积极表态："天下兴亡，匹夫有责，国家有难，我跟着您一同下地狱去！"

陈独秀冷静地说："下地狱无济于事！这个问题我想了很久，是守常的一篇文章启发了我，他说，俄国的十月革命是庶民的胜利，俄国的庶民用的是暴力，那我们中国的庶民，用民主行不行？我看可以试一试，我们的国家是人民的国家，人民的国家，得人民说了算。现在北洋政府违背民意，出卖了我们国家的主权，怎么办？我说别无他法，只有让人民站起来，直接解决吧？"

蔡元培立即问："怎么个站起来直接解决？"

陈独秀回答："变坐而议，为起而行，我们北大要做先锋，唤醒广大民众做天下的主人。"

李大钊说："咱们也来他一个庶民的胜利。蔡先生，邓中夏他们正在组织北京学联，我催促他们赶快行动起来，而且这次行动不应该只有学生，工人、商人、军人、各个阶层都要行动起来，全社会的各个阶层都行动起来，这才是庶民的行动，才能迫使反动政府让步！"

鲁迅说："我同意仲甫和守常的意见，如果我们北大先带个头，把全国的民众都调动起来，那必将是一个全新的历史的开端！"

蔡元培："对，你们在青年人中间是很有影响力和号召力的。刚才仲甫说，让人民直接站起来行动。这句话我认为应该成为口号，把这个口号喊出去，把人民调动起来。"

历史上，陈独秀呼吁"人民站起来直接解决问题"是通过撰写文章的形式。在五四运动开始后一周左右，他观察了五四运动的形势，就接连发表了《对日外交的根本罪恶——造成这根本罪恶的人是谁》《为山

东问题敬告各方面》两篇文章。这两篇文章重点不同，前一篇文章明确指出斗争的对象不应该只是亲日派，而应该是从"二十一条"到济顺、高徐铁路合同，从"参战借款"到巴黎和会上的外交失败，不断出卖国家主权，甚至还要"禁止国民集会，拿办爱国的学生，逼走北大校长"的当局政府。后一篇文章则明确提出斗争的成员不应当"只有一部分爱国学生和政客出来热心奔走呼号，别的国民都站在旁边不问"，这进一步帮助学生将运动推向全国以及社会各界。

转变斗争对象、扩大斗争成员，正是在陈独秀的启发下，五四运动形势的走向才有了较为明显的发展。它由最初只是发生在北京的学生爱国运动，逐渐扩展至上海、天津、南京、济南等地，最后成为全国范围的学生爱国运动。同时，它又由单纯的学生爱国运动逐渐发展为以学生为主导，工人阶级、民族资产阶级等社会各界广泛参与的爱国革命运动。

二是陈独秀在五四运动的紧要关头"火上浇油"，发挥了推波助澜的关键作用。剧中，当北洋政府颁布放假考试的通知，试图以此来平息学生运动后，陈独秀慷慨发言："我们现在做的就应该是火上浇油，同学们的爱国热情都已经燃烧起来了，我们要再添一把火，让它把整个社会照亮！让全中国的爱国热情都燃烧起来！这样，才能救我们这个国家。"

1919 年 5 月底，当北洋政府看到学生运动似乎有了逐渐平息的趋势后，开始采取强硬镇压措施。6 月 3 日早晨，当数千名手持白旗的学生走上街头发表演讲时，巡逻的警察开始驱散学生。许多学生被殴打致伤，或是被马匹践踏受伤。到了 6 月 4 日，北京政府已关押一千一百五十名学生。这导致北京的监狱一时间人满为患。北大法科校舍和理科校舍竟然先后被开辟为临时监狱，收容学生。

剧中，陈独秀冒着危险走上街头：看到学生们不顾身后带着枪骑着马的军队士兵，高喊着严惩卖国贼的口号在街上奔跑；看到百姓们沿街烹制食物就是为了能及时给被看押的学生送饭；看到被捕的学生们即使抓着窗户上的栅栏，仍在高呼拒绝巴黎和约，维护国家主权……陈独秀的心中暗暗做了决定。他知道，此时已经到了"浇油"的时刻，而他选择的方法是燃烧自己。其实，早在郭心刚牺牲后，陈独秀就曾说："我现在体会这场运动，除了让人民直接行动，直接解决问题之外，还要再加两个字——牺牲！牺牲，没有牺牲，不可能胜利！"而这一次，陈独秀选择了牺牲自己。

他不是不知道这可能是一条不归路，但他义无反顾。剧中，陈独秀向家人辞行，袒露心声："我是一个年轻时候就立志救国的革命者，但我不是一个好的老师，因为我看着那些学生，因为爱国家而深陷囹圄，所以，我必须走出这一步，你们的父亲，必须先让自己置之死地而后生。""我不能眼睁睁地看着我的学生们流血、流泪而无动于衷，我必须跟他们在一起去战斗。"

历史上，陈独秀的好友此时也曾劝他南下暂避风头，但他气愤地说："我脑筋惨痛已极，极盼政府早日捉我下狱处死，不欲生存于此恶浊之社会。"6月8日，陈独秀发表文章《研究室与监狱》，成为鼓舞革命者的警世格言："世界文明的发源地有二：一是科学研究室；一是监狱。我们青年立志，出了研究室就要入监狱，出了监狱就入研究室，这才是人生最高尚、优美的生活。从这两处发生的文明才是真文明，才是有生命、有价值的文明。"6月11日晚，陈独秀到北京天桥新世界游艺场撒出《北京市民宣言》，号召学生、商人、劳工、军人等一起"直接行动，以图根本改造"，这实际上已经将五四运动由"一般的爱国政治运动，导向革命的道路了"。

陈独秀撒传单的场景是《觉醒年代》剧中的重头戏。

虽然被叮嘱二楼目标太过明显，不要在这里撒传单，但陈独秀早已决定"肉身投馁虎"。舞台上正上演着京剧《挑滑车》。《挑滑车》取材于《说岳全传》第三十九回，讲的是岳飞的兵马被金兵围困在牛头山，大将高宠为解围，奋不顾身，单人匹马连挑十一辆滑车，最终在挑第十二辆滑车时，因马匹力竭倒下，以自己的牺牲换来岳家军大获全胜，解了牛头山之围。

戏曲鼓点一阵阵急促地奔向高潮："怒冲霄，哪怕他兵山倒，杀他个血染荒郊，单枪匹马把贼剿，俺要把狼烟尽扫，俺要把狼烟尽扫。一马冲出战场道，俺定要威风抖擞把贼扫！"随着高宠的缓缓倒下，独立高楼的陈独秀，缓缓打开装着传单的包裹，一把将传单扬起，并高喊着，坚决抵制巴黎和约！传单像雪片一样纷纷而下，警察出动，人群开始骚乱，陈独秀却淡定地看着警察蜂拥而至，丝毫都没有要逃离的念头。

新文化运动领袖、五四运动实际上的总司令——陈独秀被捕。当这一消息最早在《晨报》披露后，《公言报》《申报》《时事新报》《民国日报》等全国各地报刊，都相继在显著版面发布消息，全国各界立即掀起营救高潮。北京中等以上学校学生联合会、北大刘师培、马裕藻等四十位知名教授及江苏省教育会、工业协会等先后致函京师警察厅，要求释放陈独秀。孙中山也在上海召见北洋政府代表许世英说：我和我的同伴们都十分地震惊，你们干的好事，足以使所有国民都相信，我反对你们是没错的。不过我看，你们也不敢把他杀死，因为杀死了一个人，就会出现五十个、一百个，所以你们尽管干吧。

剧中，在北京，《每周评论》发表辛白的短诗《怀念陈独秀》："依他们的主张，我们小百姓痛苦，依你的主张，他们痛苦。他们不愿意痛苦，所以你痛苦。你痛苦，是替我们痛苦。"在天津，周恩来召集《天津学术联合报》同人开会，将营救陈独秀先生作为下一期报道的重点。

在湖南长沙，毛泽东发起湖南各界联合会，组织救国"十人团"，深入街头发表演说，掀起营救陈独秀活动。他说："陈独秀先生是中国思想界的明星，他因为科学和民主得罪了反动当局，他的被捕不仅不能损及他的毫末，反而会留下一个大大的纪念，使他所倡导的新思潮越发的光辉远大。"失去自由的陈独秀得到了更多人的支持和声援，这足以表明，陈独秀在当时中国思想界的影响力和号召力，以及他的存在和"壮举"对于五四运动所发挥的巨大作用。

陈独秀虽身处监狱，但仍对五四运动的走向发挥着极大的影响。他的被捕，进一步证明了北洋政府的倒行逆施，为五四运动的进一步发展增加了一个斗争的方向。同时，他的被捕也确实如毛泽东所说的，使得陈独秀"倡导的新思潮越发的光辉远大"，从而进一步声援了五四运动的发展。

因此，可以这么说，陈独秀虽然没有参加五四游行，但他每每在五四运动发展的关键时刻，推动了五四运动的进程和走向，他是当之无愧的五四运动时期的总司令。

（叶帆子）

蔡元培走了，留下一纸天书

　　《觉醒年代》第二十九集，有一个主要情节：北洋政府要对刚刚获得释放的参加五四爱国革命运动的被捕学生兴师问罪，还传出军阀要对北大动粗，要"武力解决"，炮轰北大，形势陡然严峻起来。学生们义愤填膺，而一些破坏分子渗透到北大学生中，造谣说蔡元培毕竟是官方任命的校长，骨子里与官方穿一条裤子，根本利害关系上必然与官方保持步调一致，蔡元培辞职是假，自保是真。谣言四起，致使不明真相的学生议论纷纷。

　　发动五四学生爱国运动并积极营救被捕学生的北大校长蔡元培，出于爱护学生的舐犊之情，心急如焚，却想不出救护学生的办法。恰在此时，外交委员会委员长汪大燮来到蔡元培寓所，告诉蔡元培：段祺瑞召见了他，明令不得再出现与政府不同的声音，还凶相毕露地表示，对闹事学生严惩不贷；段祺瑞挑明蔡元培在背后支持"学生闹事"不能再担任北大校长，要让胡仁源代任其北大校长一职。蔡元培说，自己并不恋战，早已三次提出辞职，但他唯一放心不下的是经过万般周旋好不容易刚被释放出来的学生，绝不能让他们再进监狱。蔡元培坦坦荡荡地说：

"只要学生和北大平安，自己无论做什么都可以。"汪大燮神秘兮兮地说："万全之策，三十六计，走为上。"蔡元培立即心领神会……

蔡元培走了，走得悄无声息。蔡元培悄然离开北大出走，却留下一张纸条，虽然写的都是汉字，人们也都认得，但到底什么意思，黄侃有黄侃的解读，辜鸿铭有辜鸿铭的解读，学生也有不同理解，当时的人有不同见解，后人也有不同解析，因此说，小小纸条，可谓"天书"。

蔡元培纸条上的字不多，前半部分是用文言文写的，后半部分是用白话文写的，文言文部分写道："我倦矣！杀君马者道旁儿。民以劳止，汔可小休，我欲小休矣。"白话文部分是这样写的："北京大学校长之职已正式辞去，其他向有关系之各学校，各集会，自5月9日起，一切脱离关系，特此声明。为知我者谅之。"

辜鸿铭不无卖弄地向围观学生们解释："各位同学，你们听我说。这蔡校长的字条呀，上来就用了两个典故。要想知道蔡校长的意思，你首先得知道这两个典故。这第一个，'杀君马者道旁儿'，典出汉代应劭所撰《风俗通义》，原文是这样的，'长吏马肥，观者快马之走骤也，乘者喜其言，驰驱不已，至于瘠死。'"

有学生提醒："辜先生，您给我们讲白话吧。"

辜鸿铭说："这个典故的意思是说，有位官员养的马很肥壮，路人因马奔跑快而大加赞美。骑马的人听了这些话很是洋洋得意，于是不停鞭策让马奔跑不已，结果把马累死了。"

学生问："蔡校长引用这个典故是什么意思？"

辜鸿铭说："别着急呀，蔡公的留言还有一个典故呢。各位听好了，这第二句话'民亦劳止，汔可小休'，典出《诗经·民劳》，原文是：民亦劳止，汔可小休。惠此中国，以为民逑。无纵诡随，以谨惛恍。式遏寇虐，无俾民忧。无弃尔劳，以为王休。"

在一旁的黄侃不耐烦了，急火火地说："汤生兄，您摇头晃脑了半天可是跑题了。人家问的是蔡元培这个字条是什么意思。同学，我告诉你吧。'杀君马者道旁儿'，这君指的是政府；这马指的是曹汝霖和章宗祥；而这道旁儿，就是你们这些学生啦。蔡元培的意思是，你们学生惹了祸，害得他不得不跑了。"

辜鸿铭立即正色道："你这是对蔡公的污蔑。同学们，我告诉你们，君者指学生，马者是蔡公本人，而道旁儿就是那个该死的巴黎和约和卖国贼曹汝霖、章宗祥、陆宗舆。蔡公出走，是被奸人所逼迫，他是为同学们着想，为同学们分忧的。蔡公是伟大的！"

这两种解释，到底哪一种解释能够使学生信服呢？学生会各有各的理解。敬仰蔡元培、信服蔡元培的，自然相信蔡元培出走，是为了保护学生，保护北大。心中对蔡元培有所怀疑、有所困惑的，怎么想，就不得而知了，电视剧里没有一一披露。我们可不可以猜想一下呢？也许会想，君不正是我们的国家吗？蔡先生不正是一直奔跑的马吗？学生不正是不断地给马喝彩加油要害死马的道旁儿吗？马如果再不躲起来小憩，岂不真的被累死啦！也许会想，学生才是马，是运动的急先锋，校长、老师以及社会大众是道旁儿，校长、先生引导他们走上新道，大众喝彩、起哄，使他们不知疲倦地跑呀跑，政府反击，他们成为首当其冲的受难者。现在蔡公丢下他们跑了，他们怎么办呀？

陈独秀说，蔡公离开，是为了保护学生运动。这是很有见地的。校长不在岗了，北洋政府再想通过向校长施压的"组织手段"压制学生行动，没有了桥梁。没有"头"了，北洋政府直接面对一个个学生娃，一个指头弹八十八个琴键，怎么顾得过来？那又怎么能不手忙脚乱？一个个全抓起来吗？没有那么多地方关押。再说，抓起以后怎么办？总不能全杀光吧？抓了再放，请神容易送神难，后患无穷。而且，巴黎和会中国外交失败，激起亿万民众爱国热情骤涨，引发朝野上下对政府外交能力、外交成效极度不信任和极度不满，北洋政府陷入空前危机，在此情况下，拉开架式惩处部分"闹事"的人，并放出风来，是为了杀一儆百，震慑大众，让他们不再乱来。真的要大动干戈，恐怕会火上浇油，火势只会越烧越旺，不会自动熄灭。更重要的是北洋政府的强硬威慑是想让北大校长蔡元培害怕事情闹大，害怕自己的学生吃亏，为了保护、爱护学生，必会想方设法地规劝学生暂时隐忍，退避三舍，那么学生运动势必偃旗息鼓，巴黎签约就不会节外生枝。孰料，蔡元培跑了，北洋政府的如意算盘落空了，拳头不知该往哪里打了。

蔡元培知道，自己离开了，北大不会散架，北大的魂还在。北大的魂，经过蔡元培主持下的教学改革，尤其是新文化运动的影响，已经培育出来了，其核心就是以天下为己任的担当精神。在此巴黎和约是否签字有关国格、有关山东领土主权存亡、有关国将不国的民族危急时刻，北大人一定会挺身而出，为国家为民族发出最强的声音。蔡元培还知道，新文化运动的总司令陈独秀还在北大，新文化运动的闯将李大钊还在北大，新文化运动的干将高一涵等还在北大，新文化运动的旗手鲁迅还在北京。这一干人等，已经成为中国耀眼的新星，照亮了中国灰暗的天空。如果蔡元培留在北大，留在北京，这些志存高远的统帅和干将们会心存顾忌，他们会顾忌蔡元培的处境，不敢"兴风作浪"让蔡元培夹在中间太过难堪，大事必然会征求并遵循蔡元培的意见，不可能放开手脚大干。蔡元培走了，他们一定会兴狂风卷巨浪，把北洋政府搞他个焦头烂额，把沉睡的巨狮彻底唤醒，赢得外争国权、内惩国贼、拒签巴黎和约的胜利。

蔡元培的纸条后半部分的白话文明明白白地声明：我蔡元培从今天开始，已经正式辞去北大校长之职了，在其他学校、其他组织担任的职

务，也一并辞去，在这里先声明一下，希望了解我的朋友能够谅解。言下之意，明面上是说，此后北大及北京各学校再发生的一切事情，与我无关了。内中也隐含着一层深意：我走了，事未成，同志们自当努力，放手一搏，继续干吧。

实践证明，蔡元培的预判是对的。蔡元培走后，陈独秀、李大钊等人，担负起领导爱国运动走向新高潮的历史使命，不仅最终迫使当局罢免了曹、陆、章，还拒签了巴黎和约，而且，这场运动使运动的领导者经过实践检验，认识到民众用游行示威的民主方式直接行动的道路在中国走不通，只能另辟蹊径，走俄国走过的道路。

（李占才）

到底谈不谈政治：新文化"铁三角"产生裂痕

陈独秀、李大钊、胡适，是《觉醒年代》剧中新文化运动的"铁三角"。陈独秀创办《青年杂志》，推崇"德先生"和"赛先生"，鼓吹民主与科学，吹响新文化运动的号角，犹如古老大地上炸响一声春雷，惊醒了沉睡、麻木的国人。心有灵犀的李大钊、胡适积极响应，与陈独秀结为知己，三人志同道合，协同奋战，把新文化运动推向高潮，涤荡着封建愚昧的污泥浊水，开启一代思想启蒙新风。

三人性格各有特点，陈独秀睿智犀利，李大钊坦荡刚毅，胡适敏锐细腻。他们相互补台，形成"铁三角"，令世人景慕。但是，随着五四爱国运动的兴起，时局迅猛变化，他们对时势有了不同看法，内心深处价值取向的不同终于表现出来，引发分歧，使"铁三角"产生裂痕。

《觉醒年代》第十二集，讨论《新青年》使命。胡适认为：《新青年》办刊宗旨是思想启蒙，以改造国民性为救国的根本思路，在文化思想上替中国的政治建筑一个革新的基础，而不是直接地去解决政治问题。李大钊则认为：身处波澜壮阔的大时代，讨论思想启蒙，怎么可能避开关

系到国家生死存亡的政治问题。胡适说："政治是权术，是交易，是一种肮脏的游戏，跟做学问风马牛不相及。"李大钊坚持：政治是政治，权术是权术，两码事！启蒙思想，脱离于评论时事的话，那是空谈！空谈误国。大家又讨论中国应该朝什么方向走？李大钊对俄国掀起的一场新的革命很感兴趣，认为俄国的纲领对解决中国实际问题很有帮助，胡适则认为那仍然是暴力夺取政权。陈独秀也表示自己对俄国十月革命很感兴趣，建议一起研究。胡适强调，要论发展模式，还是应全面地向美国学习。陈独秀说："我过去说二十年不谈政治，是不想再像以前那样，直接搞政治斗争，想一心一意地致力于思想启蒙，但是思想启蒙也属于政治范畴。《新青年》现在的主题是新文化，是要把国民从复辟复古的旧思想中解放出来，两位急先锋，我这么说同意吗？"胡适、李大钊均表示同意。

电视剧中陈独秀动员胡适协助李大钊主办《每周评论》，胡适问办刊宗旨，陈独秀说《新青年》以思想启蒙为主，《每周评论》以关注评点时政为主，胡适不解地问陈独秀："你说过二十年不谈政治，为什么总是与政治牵扯不清呢？"陈独秀回答："举国维艰之时，责任不是更重要吗？"这恐怕就是他们分歧的根源。

《觉醒年代》第三十集，面对北洋政府对学生爱国运动的疯狂镇压，北京大学已经无法安放一张平静的书桌，胡适提议把北京大学迁到上海去。陈独秀当着胡适的面提出严厉批评，还说了狠话："你这是妥协！是投降！中国之所以这么窝囊，就是因为郭心刚太少，胡适之太多了。"胡适愣住了，没有反驳。

第三十一集，学生读陈独秀的《山东问题和国民觉悟》，文中有"强力拥护公理、平民征服政府"。李大钊喝彩，胡适认为李大钊莽撞，不应该火上浇油。陈独秀说："现在就应该火上浇油，同学们的爱国热情已经燃烧起来了，我们要再添一把火，让它把整个社会照亮！让全中国的爱国热情都燃烧起来！这样才能救我们这个国家。"胡适立即反驳："火上浇油？你是想让你自己，还有整个北大都被烧死吗？"陈独秀针锋相对："适之，你有意见、有情绪冲我来，你这给大家泼冷水吗？不是我们走极端，是北洋政府在走极端！警察打伤了孩子，抓走了学生，你没看见吗？你是一名老师，你可以无动于衷吗？"旋即，陈独秀态度又缓和下来，以老大哥口气说道："适之，我知道，刚才我言重了，当着你学生的面，没给你留面子，你心里一定有情绪。我们之间不需要说假话，不管你有什么样的情绪，我都要再跟你说一句：现在的形势，在这个裉节上，你觉得我们这个国家，还可以再后退吗？如果再退，我们还有脸做这个国家的国民吗？如果你还消化不了，改天我请你喝酒！"

第三十三集的情节非常精彩，政府大肆抓捕学生，监狱关不下，把学生关在北大校园。陈独秀的安全风险加大，李大钊、胡适吩咐陈独秀的家人和学生守着，不要陈独秀离开家门。陈独秀在家整整三天没有出门，连天加夜编辑完新一期《新青年》的稿子。见家中没有人，料定外面出事了，他走出家门，想看个究竟。他看到满大街耀武扬威的军警，堂堂北京大学竟变成了关押学生的监狱，变成了军警的兵营。昔日充满琅琅书声的校园，变成了牢房；过去百家争鸣的讲台，变成了审讯学生的刑堂。心情极其沉痛的陈独秀深感自己无颜面对那些身陷囹圄的学生和那些向士兵苦苦哀求的学生家长。他追问自己："当下的民国，是我陈独秀舍生忘死几十年为之奋斗的民国吗？这难道就是徐锡麟、秋瑾等无数革命先烈用鲜血和生命换来的共和吗？我陈独秀天天号召青年学生要爱国、要自强，他们听了我的话，却进了牢房，流了鲜血。我陈独秀岂不成了千古罪人，我无地自容啊！"陈独秀走到自己的办公楼，无心踏进办公室，瘫坐在走廊里发懵。

因为担心陈独秀的安全，李大钊和胡适心急如焚，四处寻找，一直没有找到陈独秀。他们来到陈独秀办公室，发现里面没有灯光。胡适与李大钊在走廊里争执起来，胡适认为，李大钊和陈独秀支持实行总罢课，做法过于激进，应该检讨一下思路，给政府台阶下，不然的话，继续下去，受损害的还是北大和学生。李大钊则认为，总罢课没有错，抗争是因为北洋政府要签订丧权辱国的巴黎和约，爱国是没有错的，应该采用更加坚决的方式斗争到底。胡适质问李大钊为什么那么热衷于俄国暴力革命道路，李大钊反唇相讥："你不是痴迷于美国道路吗？极力鼓吹你的老师杜威的实用主义吗？在当下中国行得通吗？撞倒南墙了，不应该回头吗？"

陈独秀坐在墙后的地上听他们两人争论，听到李大钊的慷慨陈词，他突然若有所悟。陈独秀站起身，从墙后探出头来。李大钊和胡适发现后忙去扶陈独秀，陈独秀甩开他们的手，大步向前，边走边说："共和死了，我不会死！"闻听此言，李大钊嘴角上翘，露出会心的微笑，胡适则一脸悲伤，泪流满面。

北洋政府对内专横，欺压人民，对外奴颜婢膝，卖国求荣，岂不就是"共和死了"。但是，陈独秀"不会死"，决不妥协，决不气馁，必须继续抗争、继续奋斗。哪怕面对牺牲，也义无反顾！这与李大钊的想法不谋而合，此时此刻，两人心意相通，志同道合，李大钊情不自禁地会心一笑。

胡适也心如明镜，知道陈独秀此话一出口，就说明他完完全全想通透了，从此，肯定会义无反顾地一条道走到底。胡适看出，陈独秀、李大钊都已经下定抗争到底的决心，那必将是一条充满危险的道路，定会让两位老友遍体鳞伤，甚至危及性命，失去家庭幸福。他为自己无法劝阻老友、"拯救"老友而悲伤。同时，他意识到他们价值取向不同，必然会渐行渐远。他们联手推动新文化运动，结下深厚的友情，最终却要分道扬镳，怎能不令情感丰富的胡适心痛和难过呢？

随后，在另一集中，陈独秀请李大钊和胡适到家中吃饭，陈独秀说："前两天我受了刺激，经历了一次脱胎换骨。"胡适劝慰道："仲甫，你不要心事太重了。这事已经过去了。北大不是又是北大了吗？"陈独秀坚定地说："北大是不是原来的北大，我不清楚，但是我陈独秀已经不是原来的陈独秀了。"陈独秀让陈延年念完自己起草的《北京市民宣言》后，发表三点说明："一是我同意守常的思路，把学生运动拓展为社会运动、群众运动；二是明确提出进一步的要求；三是公开宣称，当局如不尊重民意，我们就将采取直接行动，以图实现对社会的根本改造。我想征求二位的意见，并请适之将它翻译成英文。"

李大钊立即表示完全赞同，嘱咐延年尽快赶印出来，给自己一部分，自己要亲自上街去散发。胡适闻听此言，吓一大跳，立即说道："守常兄，你一个堂堂的北大教授、青年导师，亲自上街散传单，成何体统啊！"

李大钊愣了一下神，随即率性地说："适之，我从来没把我李大钊看得高人一等啊。你看啊，为了国家利益，群众能上街，工人能上街，妇女能上街，我有什么不能上街的。你不是天天讲平等自由吗？怎么到我这就不行了。适之，我看你呀，是表面上新文化，内心里头旧道德，表里不一啊。"

胡适坐不住了，特别是还有小辈陈延年在场，他丢不起这人呀。他一改温文尔雅的风度，满脸通红地站起来，指着李大钊说："守常，我一直敬重你是文化人中的铁汉子，可是我实在不明白，你，还有仲甫兄，咱们都是文化人，咱们要讲的是什么呢？文化人就是士，士讲究的就是修身齐家治国平天下，要有家国情怀，修齐治平。现在修身，我们一直在做；齐家，我们的家齐了吗？二位好不容易从穷困潦倒走到现在，如

今呢，也算是'人中吕布、马中赤兔'了，可是为什么非要自毁前程，甚至不惜连累妻儿老小？我真的不明白你们在干什么。"

李大钊站起来："适之，你这个问题问得好。你问我到底想干什么，那么我告诉你，人不能为自己而活着。你去津浦线上看看饿殍千里的难民，你去长辛店看看那些破烂不堪的工棚，你去前门大街看看那些沿街乞讨的乞丐，难道我们不该为他们做些什么吗？难道你要我们都像你一样只为自己的光鲜活着吗？"

胡适语塞了，他转身想走，被陈独秀一把抓住。陈独秀说："守常言重了，适之不是那个意思。守常，来，我们'三驾马车'喝一杯。"

李大钊端起酒杯："对不起，适之，可能我说的有些过分了，你不必在意。"

胡适也有点不好意思："不碍事，我知道你是个坦荡之人。"

陈独秀把酒杯递给胡适："来，适之，我们呀不是吕布，我们是桃园三结义的刘关张，我们三个干一杯！"

胡适答应把《北京市民宣言》翻译成英文，后来他还和大家一起上街散发传单。他们三人志向不同，但情谊还在，选择道路不同，但都有家国情怀，只是对救国济民的方法认识不同。《觉醒年代》剧中摈弃了单纯以是非善恶评判人物的观点，展现更加鲜活和有层次的历史人物形象。陈独秀、李大钊和胡适虽走上不同的道路，但"道不同，情意在"，他们仍是高山流水的知己。乃至后来他们走上不同道路，陈独秀和李大钊选择信仰马克思主义，创立共产党，胡适质疑共产主义的发源地德国都没有实现共产主义，俄国共产主义才几年，共产主义在中国行得通。陈独秀和李大钊仍坚信他们的选择，并相信这是中国人民和历史的选择。胡适也仍然深感三人友情笃深，弥足珍贵。

（李占才）

孔子招谁惹谁了，砸烂孔家店干什么？

人们一直认为：新文化运动旗帜鲜明地提倡民主与科学、反对专制与愚昧，提倡新道德、反对旧道德，提倡新文学、反对旧文学；还提出砸烂"孔家店"，打倒"孔老二"；甚至认为反对旧文化，就是全面否定传统文化，主张全盘西化。

当时发动新文化运动的先进知识分子，是为了解决现实的中国问题，与两千多年前的孔子有什么关系？孔子招谁惹谁了？砸烂孔家店干什么？他们真的要全面否定传统文化吗？

在《觉醒年代》第三十二集，陈独秀决定自己要先"下地狱"，以激励国人，以宣示自己鼓动学生爱国行动的无私无畏。他准备积极行动，上街散发传单，"主动配合"警察抓人，"住进"北洋军阀政府的监狱里去。他在有条不紊地做着各项准备，他与陈延年进行了一番交代后事般的谈话，告诉陈延年自己给章士钊写了一封信，澄清他发起新文化运动的初衷，说明他的文化观。

陈独秀把陈延年叫进房间，父子俩少有的和风细雨地谈论起来。陈独秀告诉延年："我在编辑下一期的《新青年》，总觉得缺点什么。我

想写封信，主要是想澄清大家都比较关心的两个问题：一是在新文化运动中，革新派和保守派的争论是个什么性质的问题；二是我们革新派对中国旧学究竟是什么态度。"

父亲能够以如此平视的态度跟自己交流，陈延年如沐春风，倍感温馨。他对陈独秀提出的问题更是感兴趣，立即来了精神，说："这两个问题我也感兴趣，您跟我说说。"

受到儿子关注，陈独秀精神大振，说："感兴趣？那好，你听我好好跟你说说。第一，我提出革新派和保守派的争论，是一种学术的进步现象，是学术之争，不是敌我之争。比如北大李大钊、胡适、鲁迅、钱玄同跟辜鸿铭、刘师培、黄侃之间的争论，就是这种性质。"

陈延年疑惑地说："黄侃可不是这么想的，他那语言太恶毒了。"

陈延年所说的黄侃，是《觉醒年代》剧中的保守派人物，抵触新文化运动，尤其是反对白话文。喜欢骂人，还特别会骂，骂得特别刻薄。

陈独秀平和地说："争论问题，各抒己见，慷慨激昂，甚至双方会骂几句，这属于正常的。纵观世界各国的历史，新文化的发展都有这个过程。革新派和保守派是相对的，今日的保守派从前可能也是革新派，今日的革新派将来也许会变成保守派，世界进化的大潮倘若没有止境，那么革新派和保守派的抗争也便没有止期，即使再过一百万年，道高一尺、魔高一丈，世界终究是革新和保守抗争的世界。你今天看，我们是革新派，辜鸿铭他们是保守的，明天环境变了，也许就会颠倒过来，这是辩证的历史观。"

一直穷追真理、思想异常活跃、认识不断与时俱进的陈独秀，能够领一代风骚，成为新文化标杆，获众多先进分子拥戴，成为众望所归的总司令，也不是没有道理的。当时他能有这种认识，很了不起。人的思想是会变化的。历史大潮是向前发展的，人们在历史大潮中的起伏和作用，也是会随历史大潮的波涛翻卷而变化的，历史对历史人物的评价，也不是一成不变的，保守派、革新派角色转换，也就不足为奇。陈独秀已经有了朴素的历史辩证观。

当时的陈延年，对父亲的话还不能够完全理解，他问道："那您的意思是，也许有一天，辜鸿铭的观点也可能是正确的。"

陈独秀解释说："首先，你要承认，辜鸿铭、刘师培、黄侃、林纾，他们都是有专门学问的人；其次，即便是今天，他们说的一些观点也有一定的合理性；再次，我们和他们的争斗，说到底是社会变革的需要，到了一定时候，生活条件变了，人们对新旧之争的认识也会发生变化，甚至会逆转。你听明白了吗？"

陈延年点点头："那您这么说，我听明白了。那第二个问题是什么？"

陈独秀说："第二个问题，我们革新派对中国旧学究竟是什么态度？今天我说的话你要记住，因为将来可能会有一些人在这个问题上扯皮。我总的看法是，中国旧学是世界学术中的一部分；儒家孔学是中国旧学中的一部分；孔教三纲，是孔学中的一部分，甚至是很小的一部分。对于孔学本分之内的价值存在，我们并不反对。"

陈延年有点晕，忙说："等会儿，您说得太绕，我有点糊涂了。那您究竟反对的是什么呢？"

陈独秀说："你这个问题问得好，绕是吧？那我直接说，我们反对将一部分中的一部分的一部分的孔教三纲尊为道统，我们也反对将全体的全体的全体的中国旧学都一起踩在脚下，说得分文不值。革新派为什么要攻击孔教三纲？除了它不适合现在社会生活之外，这也是很重要的一点。"

陈延年有点明白了，说："哦，原来您是这样想的。但是吴虞先生跟易白沙先生那种激烈的态度给人的印象，不是您说的那种印象。"

　　陈延年说的吴虞、易白沙是什么人呢？吴虞是批评儒家伦理学说的斗士，他曾说："吃人的是讲礼教的！讲礼教的就是吃人的！"他提出："儒教不革命，儒学不转轮，吾国遂无新思想、新学说，何以造新国民？悠悠万事，惟此为大已吁！"他在《新青年》上发表《吃人与礼教》等文章，冲击封建礼教和封建文化，被称为是攻击"孔教"最有力的健将，在当时曾引起巨大的反响。易白沙在《新青年》上发表《孔子平议》，率先提出"打倒孔家店"的口号。

　　陈独秀接着陈延年的话头说："刚才我不是说了吗，争论当中有过激言论，矫枉过正，这在所难免。我这封信打算在下一期《新青年》中刊登，如果登不出来你要给我作证啊。我陈独秀在新文化运动中究竟是什么态度。"

　　陈延年对此很不屑，他说："这个我恕难从命。我认为，后人怎么看我们并不重要，重要的是，我们自己是不是问心无愧。"

　　陈独秀大手一挥："说得好，我同意。你这话像我老子说的。陈延年你记住，关于新文化运动，革新派和保守派的争论，我今天只跟你说一次，只此一次。"

　　陈独秀为什么要跟儿子说上面这一番话呢？他是想澄清什么，还是担心后人对他发动新文化运动产生误解，以为他要全盘否定传统文化呢？如果他有此担心，那在这一方面，倒是后辈看得更开一些，延年的想法更可取。一代人有一代人的担当，一代人做一代人的事情，只要问心无愧，又何必在乎后人怎么评价呢？每个人的历史，是每个人自己书写的。每个人书写的历史，是有历史印记。新文化运动毕竟是"文化活动""文化现象"，白纸黑字，留下了大量资料，后人自有评说，也自会评说。当然，评说也一定是仁者见仁，智者见智的。当事人，做好当时事，足矣。

陈独秀给章士钊写的这封信还没有来得及在《新青年》上发表，便被警察抄家的时候给搜走了。不过，电视剧中陈独秀所陈述的要义，也基本符合史实。正如《觉醒年代》第八集校评议委员会上陈独秀舌战保守派教授辜鸿铭、黄侃时，回答辜鸿铭为什么发表砸烂孔家店的文章，陈独秀就明明白白地说到："《新青年》提出的砸烂孔家店，砸的不是孔子儒学，砸的是孔教的三纲五常，我们反对的是政治尊孔，不是学问尊孔。众所周知，自董仲舒罢黜百家独尊儒术起，这个孔子儒学就变了味道了，就成了历代皇帝统治国家的权术，愚弄民众的武器。所谓君为臣纲、父为子纲、夫为妻纲，窒息了国家的活力，祸害了民众的生活、阻碍了文明的进步，一句话——造成了中国的落后。这种孔教三纲，不应该被砸烂吗？"黄侃质问："现在国家的问题，与两千年前的孔子有什么关系？"陈独秀答："袁世凯复辟帝制，要做皇帝，拜孔教为国教，尊孔学为国学，这就是眼前的政治啊！封建礼教，至今还在统治着社会生活，奴役着人民思想，难道这不是中国落后的原因吗？所以，我们坚决反对政治尊孔，并不反对学术尊孔。"

（李占才）

北京大学校园竟然变成关押学生的监狱

经过多方努力，五四运动被捕的三十二名学生获得释放。

民众走上街头抗议政府，竟然还敢放火焚烧政府大员寓所，这是在太岁头上动土，北洋政府咽不下这口气。为了打击学生们不知天高地厚与政府作对的"狂妄气焰"，北洋政府决定动用法律程序惩罚"闹事学生"，杀一儆百，以儆效尤。北京学生针锋相对，联合教职员工，实行总罢课。

北洋政府使出阴招，宣布学生提前放假，应届毕业生必须如期参加考试，不参加考试不颁发毕业证书，也就是不能毕业。教育部接着又发布文官和外交司法官考聘的文件，试图吸引准备应聘公职人员的学生离开罢课行列。这是掐准了学生的"三寸"，学生一旦放假，罢课便毫无意义，而毕业班和应聘学生要准备考试，也就只能复课。

北大校园内贴出公告，公布了政府新举措。一时群情激昂，议论纷纷。李大钊、胡适、陈独秀商量对策，在是否要继续采取正面斗争的问题上，发生了激烈争执。邓中夏带来学联决定，巴黎和会的代表们正在苦苦支撑，他们电告学联务必顶住压力坚决抗议。学联决定自 19 日起再次实行总罢课，为了躲避政府的强硬压制，组织救国"十人团"，以卖国货抵制日货的方式，将斗争进行到底。

学生上街卖国货，呼吁抵制日货，日本驻华公使直接向北洋政府外交部发出警告，要求中国政府制止学生运动。日本还联合美英法等国驻华公使一起向北洋政府提出抗议照会，给北洋政府施压。北洋政府对内强硬，对外绵软，他们不怕百姓，但他们害怕洋人。徐世昌召开会议，通报日美英法的外交抗议，要求与会人员务必研究出切实可行的方案。国务总理钱能训报告，已经发现学生在同政府展开拉锯战，全国多地都已发生罢课，一旦南北学生联合行动，后果将会十分严重。徐世昌发布总统令，要采取强硬手段对学生运动进行镇压，强行复课并令京师警察厅严格管理治安，不允许学生贩卖国货。会后，钱能训同徐世昌私下沟通，钱能训忧心忡忡地认为：警察、宪兵、军队一起出动镇压学生，有些过激，会激起学生甚至市民的更大反感；担心新上任的带兵统领王怀庆、段芝贵都有"屠夫"称号，弄不好会酿成惨祸，他这个总理会被钉在历史耻辱柱上。徐世昌表示同病相怜，无奈段祺瑞坚持强硬应对，无法回转。事已至此，只能先稳一头，压服学生不要再闹事，没有其他万全之策。

陈独秀家已被盯上，陈独秀夫人高君曼制止延年、乔年再出门贩卖国货。邓中夏看到街上突然增加了警察和马队宪兵，知道反动政府是要下狠手了，他赶紧派人去通知易群先等人，自己连忙去找李大钊汇报。但来不及撤离的易群先等大批学生被警察全部抓捕，导致矛盾再次激化。

张丰载从线人处得知各大高校要恢复上千人的大型演讲活动，及时向吴炳湘报告。吴炳湘选择了好下手的北河沿，要将在那里集会的学生强行管制在校内。延年等人在家中印刷了宣传单，但街上警察正在疯狂

抓人，他们只好将传单交给"十人团"悄悄进行发放。

6月3日，北京二十余所学校数百名学生上街讲演，北洋政府派出大批军警驱散听众，逮捕学生一百多人。4日，更大规模学生讲演，近八百人被捕。军警的大逮捕没有使学生们屈服，6月5日，有五千多名学生上街讲演。

北洋政府的监狱关不下那么多爱国学生，将一千多名参加抗议的学生关在北大法科楼，校舍被扩充为临时监狱。学生爱国，何罪之有？如此对待他们，他们又怎肯屈服。学生们上街，人人做好被抓的准备，他们随身携带着牙粉、牙刷、面包，准备随时坐牢。

昔日充满琅琅读书声的校园，变成了临时监狱。警察和宪兵粗暴地将学生们看管在校园中不许他们出门，学生们高喊"学生监狱"以示抗议。

有人带头，随即大家齐声唱起了《苏武牧羊》：苏武留胡节不辱，雪地又冰天，穷愁十九年。渴饮雪，饥吞毡，牧羊北海边，心存汉社稷，旄落犹未还，历尽难中难，心如铁石坚。夜坐塞上时有笳声，入耳痛心酸……

李大钊得知被关押的学生因为被暴力逮捕不少人受伤，加上没水没药很多人都生了病，想去探望，但他自己已被盯上，实在不便前往。李大钊提出大家要团结一致，对被看押的学生要有钱捐钱有物捐物，每个人都要做出自己的努力。

百姓们纷纷堵在路口，要求给关在校园里的学生送水、送食物、送衣物，吴炳湘认为老百姓可是帮了他的大忙，欣然应允，学生们终于有了短暂的与亲友见面的机会。

面对学生被抓，陈独秀发表了《六月三日的北京》的文章，痛斥北洋政府的黑暗："民国八年六月三日，就是端午节的后一日，离学生的

'五四'运动刚满一个月，政府里因为学生团又上街演说，下令派军警严拿多人。这时候陡打雷、刮大风，黑云遮天，灰尘满目，对面不见人，是何等阴惨暗淡！"

胡适也借了一张京师警察厅的证件，走进被改为学生第一监狱的北大法科校舍，探望了被捕的学生。他还给《时事新报》写了一封信，介绍了学生们在监狱里的情况，随后这封信以《北京学生受辱记》为题刊登在了头版头条。

北京大逮捕激怒了全国人民。学生继续抗争，全面罢课；工人站了出来，举行大罢工；商人行动起来，举行罢市。工、商、学联合行动，实现"三罢"。尤其是上海，参加罢工企业有五十多家，罢工工人有六七万之多。店铺悬挂"为国家、今罢市、救学生、除国贼""万众一心""抵制日货""罢市救国"等标语，关门罢市。从上海开始的"三罢"运动，迅速扩展到大半个中国，这是中国历史上的第一次，给北洋政府施加了极大压力。

代理教育总长傅岳棻和吴炳湘、钱能训开碰头会，上海已经出现了"三罢"，且欧洲巴黎已出现了大规模的抗议活动，各外国势力都在要求北洋政府马上控制局势。段祺瑞要求想尽一切办法，务必稳住北京的局面，徐世昌决定撤离步兵、宪兵等军队，由京师检察厅全权负责北京的治安。吴炳湘对此颇有微词，军队都撤走了，光靠警察顶什么用，难以维持局面。但事已至此，他也无可奈何。傅岳棻提出，只有释放被捕学生，才能平息事态。他要求军警不要再掺和学生的事情。吴炳湘又和傅岳棻嚷嚷了起来，钱能训气愤地阻止两人争执，让他们马上去处理各自的事务。吴炳湘拿着裁撤军队的命令无奈地叹着气。

在方方面面的压力之下，焦头烂额的大总统徐世昌发布总统令，宣布释放被关押的学生，并撤离所有警察。房门、大门都被打开，学生们

竟无一人走出。北京学联向全国发出通电，义正词严地提出：政府竟然如此无理地关押爱国学生，蔑视人权。这样何以为国，我们决不能自行散去，强烈要求罢免曹汝霖、章宗祥和陆宗舆，只有这样我们才会走出"监狱"。否则，我们宁愿把这世界上最为特殊的牢房的牢底坐穿，也绝不走出"牢门"半步。

面对学生的要求，面对来自四面八方的压力，徐世昌召开紧急会议，商讨对策。消息传来，巴黎中国代表团的驻地已被爱国华侨和留学生围得水泄不通，再不释放学生，代表团的成员恐怕就会被当作卖国贼围攻，安全堪忧。钱能训终于气壮了一把，他提出大局为重，不能因为这么几个人，而不顾大局，让局势继续恶化下去，不堪收拾。众人纷纷响应。徐世昌也只能丢车保帅，他要求副总统代为向学生致歉，心不甘、情不愿地发布了罢免曹、章、陆三人的大总统令。

学生们得知曹、章、陆三人被罢免，高呼中国学界万岁的口号，庆祝他们获得的初步胜利。学生们的爱国行动，充分证明了民意不可违，团结就是力量。五四爱国运动，实现了内惩国贼的第一个目标，下一个斗争的目标集中在外争国权、拒绝在巴黎和约上签字。

（李占才）

种瓜得瓜，种豆得豆：李大钊走近工农结硕果

李大钊于 1889 年 10 月 29 日诞生在河北乐亭一个普通农民家庭。李大钊是遗腹子，父亲去世七个月后他才降临人间，母亲却因伤心过度一病不起，在李大钊十六个月大时也去世了。襁褓中的李大钊成了孤儿。他是由年近七旬的大祖父抚养长大。

李大钊很小的时候，大祖父就给他开蒙，教他识字、读书。李大钊聪颖，读书用功，成绩优异。1907 年，他考入天津北洋法政专门学校，1913 年毕业后，东渡日本，入东京早稻田大学政治本科学习。1916 年，李大钊回国，刚刚进入北京城，看到路边一个妇人抱着生病的孩子跪在地上，哀求路人施舍点钱给孩子治病。这妇人是长辛店工人葛树贵的妻子。李大钊立即叫车夫停车，走上前扶起妇人，带他们到医院给孩子看病。孩子必须住院治疗，需要交三十大洋。李大钊当掉自己的衣服和怀表，又到晨钟报社提前预支了薪水，去交住院费。这是电视剧《觉醒年代》第四集的情节，非常感人。李大钊对弱者、对困者的恻隐关爱之心自然而然地袒露出来，他的平民情结，显而易见。由此，他也结识了葛

树贵这个工人朋友。

第十四集，有一组李大钊与长辛店工人一起包饺子过年的画面，相当感人。长辛店的工人们过春节没有领到工钱，李大钊用自己的薪水买了一堆年货给他们送来，还带着夫人孩子一起来到长辛店和工人们一块过年。长辛店的一处大屋子里，李大钊和工人们一边包着饺子，一边用通俗的语言和工人们聊着俄国列宁闹革命的事情。

葛树贵感慨地说："这年啊，富人叫过年，穷人叫过关。"

李大钊坚定地说："其实吧，咱们这帮工人，过好日子也不是没可能！"

葛树贵问："哟，大钊先生，您的意思是不是以后我们想吃饺子都能吃上啊？"

李大钊："对啊！大伙知道有一个叫马克思的人吗？德国人，大胡子，听说过吗？"

一个工人打趣地说："有您胡子大吗？"

李大钊笑笑说："那——比我胡子大。我跟大伙说说啊，马克思有一个观点，他认为：工人阶级是人类社会的领头羊，只有我们工人阶级领导的社会，才是世界上最好的社会。"

一个工人吃惊地问："这马大爷说，咱们工人做领头羊？"

李大钊答道："是啊。俄国有个人叫列宁，就是根据这种观点和理论，把资产阶级政府给推翻了，建立了人类历史上第一个工人阶级领导的国家，叫作社会主义国家。人家颁布了两条法令，第一条，就是宣布不参加世界大战了。第二条，大家肯定感兴趣，就是宣布土地都归我们大家了。大家想想，土地都归我们自己了，那我们过个好日子它还是难事吗？"

葛树贵问道："大钊先生，您刚才说的那个社会主义国家，那是不是没有人欺负我们穷人了？"

李大钊说："没错，就这个意思！"

葛树贵又问："那您刚才说的那个大胡子，还有列宁那样的人，咱中国有没有？有，咱们找他去！"

李大钊说："大伙别着急，现在有一群人正在寻找他的路上。"

一个小姑娘用手指着李大钊："你就是那个大胡子！"

大家哄堂大笑，其乐融融的气氛中，李大钊用大家听得懂的语言，宣讲了马克思主义核心要义，启发了工人们的觉悟。

俄国十月革命后，中国先进分子最大觉悟之一，就是认识到工人阶级的重要性，明确提出劳工神圣。李大钊、陈独秀等新文化运动的主将们，有了将新文化、新思想向工农大众普及的文化自觉。走入基层，走进工农大众，李大钊不仅仅向青年发出号召，他还身体力行。长辛店地处交通要道，长辛店机车车辆厂是中国早期的近代工业，是北京铁路工人的聚集地。李大钊带着赵世炎、邓中夏、毛泽东等一同去长辛店做专题调研。随后邓中夏等人开展了演讲会，经常到工人群体中宣传新文化和马克思主义思想，葛树贵等部分工人受马克思主义熏陶，也提高了觉悟，成为工人阶级中的先进分子。毛泽东深受启发，认识到中国的工人和农民阶级其实是一样的。欧洲的革命大都以工人阶级为主，但中国国情特殊，工业化水平较低，很多工人还是破产农民出身，要想真正革命就要从农民入手。邓中夏提出要尽快为工人们进行扫盲，李大钊建议可以建立工人夜校和平民教育讲演团，多向工人阶级进行宣传、教育。

李大钊动员青年到工农大众中去，他明确提出："必须唤醒民众，民众觉醒了，中国才有希望。所以，同学们，我们要尽快深入基层去，深入工厂去，深入田间地头去，我们的各个社团要深入社会的各个角落，去唤醒民众。"

李大钊对平民教育讲演团的同学说："刚才听了诸位同学的发言，

我是既兴奋，又钦佩。兴奋的是我看到了大家的真知灼见，钦佩的是我看到了大家的开拓精神。你们选择要走出去，那就意味着要放弃很多：意味着你们选择了一条困难之路，而放弃了一条舒适之路；意味着你们选择了一条开拓之路，而放弃了一条守成之路；意味着你们选择了一条迎着困难而上的拼搏之路，而放弃了坐而论道的安逸之路。同学们，我们马上要走出书斋，走向基层了，我知道这条路很难、很苦，但是我坚信，再难再苦的路，也难不倒诸位，因为我看到了大家的勇气。同学们，我真心希望大家能够双脚踩在泥土里，一步一步地、踏踏实实地，走好每一步路。而且我相信胜利一定会属于我们。因为，我们已经在路上了。"

种瓜得瓜，种豆得豆。李大钊在长辛店工人中传播新思想、传播马克思主义新观点的心血，结出了工人阶级空前觉醒、挺身而出、登上政治舞台的硕果。五四当天，北京学生走上街头，游行队伍中就有长辛店留法勤工俭学预备班学员和铁路工厂艺员养成所学员、车务见习所学员。他们回到长辛店后，立即在广大工人中进行爱国宣传。当时北京《益世报》赞誉长辛店工人"不但爱国之心之纯粹、真切为我学界所不及，即自治能力吾人亦瞠乎其后"。

为取得五四运动外争国权、内惩国贼的最后胜利，在北京军警对学生实行大逮捕之后，李大钊在长辛店动员工人们要行动起来，坚持将运动进行到底。李大钊用富有感染力的语调说："广大的工人朋友们，上海的工人们可不仅仅是上街啊，人家发布了罢工宣言，而且人家还准备要成立一个工人组织，要领导这次社会运动。工人朋友们，大家想一想，工人阶级站在中国的政治舞台上，这可是开天辟地的大事情啊，所以我呼吁大家，也要赶快行动起来，我们也要站到这次运动的最前列，好吗？广大的工人朋友们，眼下是最危难的时刻，谁咬牙坚持到最后，谁就能取得最后的胜利。刚才大家也都听见了，我们被捕了一千多名学生，损失惨重。但是正因为这一千多名学生被捕了，让全中国的人民都看到了北洋政府的反动。在国家被出卖的关键时刻，这些学生挺身而出，不惜牺牲个人利益和前途，用青春的热血抨击了政府的卖国行径和反动本质，也用他们的爱国壮举把所有的人民都给唤醒了。我坚信，只要我们再坚持一下，形势一定会有变化，当然在这个过程当中大家也要照顾好自己，不能莽撞，不能做无谓的牺牲，要谨防反动派狗急跳墙。虽然眼下是这么一个黑暗的时期，我依然相信，只要我们团结一致、努力奋斗，最后的胜利，一定属于我们！"

长辛店工人在葛树贵等人带领下走上街头，示威游行，组织罢工，加入浩浩荡荡的反帝爱国斗争洪流，展示了中国工人阶级的觉悟和巨大力量。

（李占才）

陈独秀被捕，五四运动波澜再起

　　随着群众爱国运动波澜壮阔的开展，五四运动时期的总司令陈独秀的思想认识也在发生变化。他认识到，中日两国的军阀，都是公理的仇敌。两国的平民如果不用强力将它们打倒，天天把公理挂在嘴上喊叫，没有任何作用。我们不可主张用强力蔑弃公理，却不可不主张用强力拥护公理；我们不主张用强力压人，却不可不主张用强力抵抗被人所压。一个人、一个民族，如果没有自卫的强力，单指望公理昌明，仰仗别人饶恕和帮助的恩惠才能生存，那是何等卑弱无耻、不能自立！

　　第三十三集，陈独秀目睹学生被抓，黯然神伤地回到家中，他觉得自己是发动学生爱国运动的始作俑者，学生被大量拘捕，他不能不采取更激烈的行动以明志，以解救被捕同学。他有了牺牲的精神准备，开始安排后事。

　　在家宴上，陈独秀端起酒杯，心情沉重地说："君曼，我要跟你说声对不起，因为我不是一个合格的丈夫。延年、乔年、鹤年、子美，还有白兰，还有远在老家的玉莹和松年，我也要对你们说声对不起，因为我不是一个合格的父亲。我是一个年轻时候就立志救国的革命者，但我不是一个好的老师，我看着那些学生因为爱国家深陷囹圄而爱莫能助。所以，我必须走出这一步，你们的父亲，必须先让自己置之死地而后生。我不能眼睁睁地看着我的学生们流血、流泪而无动于衷，我必须跟他们一起战斗。因为我爱这个国家，这个国家不仅是我的，更是你们的，我要为这个国家去做点什么。今后，可能因为我，你们还会受连累，会吃苦受罪，所以我必须跟你们说对不起，这杯酒是向你们赔罪的。"受陈独秀感染，陈延年、陈乔年也表明了愿为国家、民族牺牲一切的心迹。第二天，陈延年发现陈独秀新写的文章《研究室与监狱》，不由得读出声来。

在北大红楼，《新青年》同人编辑重聚，陈独秀已决心牺牲自己，为五四运动添柴加火。鲁迅说："这一个月，我看到了什么？——中国的脊梁，仲甫兄，新文化运动的启蒙效应已经显现了，东亚雄狮正在觉醒。那么接下来该干什么？要打掉国民性中逆来顺受的奴性，让它脱胎换骨。"高一涵接着说："那我们乘胜追击，敦促政府，拒签巴黎和约，不达目的，誓不罢休。"

陈独秀问："我们《新青年》创办三年有余，一直在启蒙民众思想，现在呢？民众已经开始觉悟了，那觉悟之后干什么？"

钱玄同回答："抵制巴黎和约，把青岛要回来。"

李大钊接着问："抵制了巴黎和约之后呢？如果一个国家的根本问题没有解决的话，类似的问题还会一个又一个地冒出来，强国、富民也是一句空话。现在出问题的，是这个腐朽的政权，那么我的观点很明确，抗争到底。"

陈独秀坚定地说："无论如何，我们要对现行的社会进行改造，是改造，不再是改良，是一场革命。这是因为我看到了北洋政府种种的倒行逆施之后得出的一个结论。既然我们发起了这样一场运动，那么到了

这个关键时刻，我们就应该勇敢地站出来直接行动，这也是我们这些觉醒者在当下的责任和担当。"李大钊与高一涵都表示与陈独秀共进退。

在北京箭杆胡同9号陈独秀家里，陈独秀已抱定必死决心，请李大钊、胡适喝离别酒。陈独秀起草的《北京市民宣言》对政府提出外争国权、内惩国贼的最后最低要求，并声明如果政府不接受，学生、商人、劳工、军人等唯有直接行动，以图根本改造。

胡适对此有异议，陈独秀道："适之，五四运动到今天，民众已经付出很多了，我们不能撤火，只能添柴，不加把劲，北洋政府很可能冒天下之大不韪在巴黎和约上签字，到那时我们不但前功尽弃，国家也难保了。在国家危亡之际，我们不能离心离德。"胡适表示在爱国救国、争民主求发展的大方向上，一定保持一致，愿意把市民宣言翻译成英文。

第三十五集，北京天桥新世界游艺场内，陈独秀和高一涵站在二楼准备撒传单，高一涵叮嘱陈独秀不要在二楼撒传单，这样目标太过明显不安全。陈独秀说明白，让高一涵先下楼，自己随后就到。李大钊也登上戏院的二楼，陈独秀和李大钊将传单扬起，并高喊要抵制签订巴黎和约，坚决驱逐卖国贼出京。在外围盯梢的学生发现警察赶来，立即跑进戏院报信，并拉着李大钊躲进了演出的后台。陈独秀淡定地看着张丰载带着警察跑上楼来，没有半点要逃离的意思，从容被捕入狱。

陈独秀被捕之后，全国各地立即掀起营救运动。同时，巴黎和约的签字时间即将到来，北洋政府已经电告在巴黎的中国代表团，表示如果抗议无效就在合约上签字。北京、巴黎两地联合行动，各省代表到总统府请愿，巴黎中国代表团驻地也被华人华侨包围，声言不达拒签和约目的决不罢休。

连国务总理钱能训也对陈独秀被捕一事感觉承受不了，学生运动已成洪水猛兽，无法阻止了。徐世昌感叹世道变了，秀才造反竟然也会搅得天翻地覆。钱能训告诉徐世昌，陈独秀他们是要用外国的理论来改造中国，他不清楚这是什么理论，但他知道自己已经落伍，如果急流勇退还能保有一丝颜面，如果死扛到底就只能遗臭万年了。钱能训哭着恳求辞职，徐世昌收下辞呈，让他离去保自己颜面，随后仰天长叹，自己难以脱身，只能遗臭万年了。

在上海的孙中山会见徐世昌等和谈代表，严正指出："你们干的好事，竟然逮捕陈独秀，足以使所有国民相信：我反对你们是正确的。不过我看，你们也不敢把他杀死，因为杀死了一个人，就会出现五十个、一百个，所以你们尽管干吧。"

陈延年找到回老家的李大钊救父亲。李大钊告诉延年，陈独秀的事情虽有远虑但无近忧，现如今邓中夏等人通过"学联"引导了社会舆论，营救陈独秀的事情很快就会有眉目。

京师警察厅监狱，吴炳湘诱劝陈独秀与北洋政府合作。有一段精彩对话：

吴炳湘："这份《湘江评论》创刊号，这个叫泽东的人哪，不仅把你捧为思想界的明星，甚至还高呼，我祝陈君至坚至高的精神万岁！这也太过了吧！"

陈独秀："吴总监，也许就是像泽东这样的人，将来有一天会冲垮你们的旧世界。"

吴炳湘："是否能冲垮旧世界，结论为时尚早。我是想告诉你陈教授，因为你的入狱确实给政府带来了极大的麻烦，现在几乎整个中国都动起来了，可谓前所未有。"

陈独秀："意料中的事啊！"

吴炳湘："可这对陈教授并非是好事啊。现在大家都知道，你是政府的头号政敌，许多人嚷嚷着，让我把你交出去，一旦你走出了警察厅，

后果可想而知啊。"

陈独秀："无非就是断头流血嘛，'亦余心之所善兮，虽九死其犹未悔。'"

吴炳湘："不过陈教授啊，你现在可是山穷水尽了。若能与我警察厅合作的话，或许还可以柳暗花明。"

陈独秀："打住，你要再说我可要骂人了，你觉得我陈独秀是那种对自己的信仰可以做出妥协的人吗？"

吴炳湘："哈哈哈，果然不出所料，陈教授果然是性情中人哪！好，你坚持你的信仰，我恪守我的职责，咱们走着看。"

陈独秀："不送。'莫听穿林打叶声，何妨吟啸且徐行。竹杖芒鞋轻胜马，谁怕？一蓑烟雨任平生。'"

在风起云涌的群众运动压力的态势下，在各界积极营救下，陈独秀走出监狱大门。在欢迎陈独秀出狱的宴会上，恢复北大校长职务的蔡元培讲话："现在我就说两句话：第一句话是，我们要感谢仲甫先生，是仲甫兄给我们点燃了科学、民主的火炬，这把火炬的意义恐怕要在几十年之后才能显现出来，它给我们指引了方向，也照亮了前进的路。第二句话是，仲甫兄，我蔡元培对不起你。这是我的肺腑之言。"

陈独秀真诚地说："蔡公，我是真心感谢您，是您给了我一个舞台。"

胡适："仲甫兄，为你献诗一首：也想不相思，可免相思苦。几次细思量，情愿，情愿相思苦。"

刘半农献诗："我已经八十多天看不见你，人家说，这是别离，是悲惨的别离。那何尝是我们的友谊。若不是泛泛的仁兄、愚弟，那就凭他怎么着，你还照旧的天天见我，我也照旧的天天见你。威权幽禁了你，还没有幽禁了我，更幽禁不了无数的同志和无数的后来兄弟。"

李大钊也献诗："你今出狱了，我们很欢喜。他们的强权和威力，终究战不胜真理。什么监狱什么死，都不能屈服了你。因为你拥护真理，所以真理拥护了你。你今出狱了，我们很欢喜。有许多的好青年，已经实施了你的那句言语。出了研究室便入监狱，出了监狱便入研究室。他们都入了监狱，那么监狱就变成了研究室。你便住在这里，不须烦愁，寂寞没有伴侣。"

陈乔年："各位先生，同学们，我还有些话想说。四年前，我还是个孩子，在汪孟邹经理为陈独秀先生举办的接风宴会上，我把那道黄牛蹄换成了一只癞蛤蟆，本来我想戏弄我的父亲。但今天，我自己做了一份黄牛蹄，也不知道好不好吃，但我想把它献给我的父亲，献给从监狱回到研究室的陈独秀先生！请您收下这份礼物，因为它代表了我的歉意。"

陈独秀眼角有点湿润，说道："今天这道菜里，就算真有癞蛤蟆，我也要把它吃掉。各位，'苟日新，日日新，又日新'。今天的陈独秀，还是原来那个陈独秀；今天的陈独秀，又是一个全新的陈独秀。"

（李占才）

屈武撞柱，中国代表拒签对德和约

　　五四运动的导火索，就是巴黎和会中国外交失败。中国人抗争的最低诉求，就是不在对德和约上签字。事情的原委，贯穿了《觉醒年代》绝大部分剧情。五四之后群众爱国运动持续高涨，北洋政府选择高压手段试图平息群众运动，尤其是6月初大肆逮捕学生，竟至把北京大学校园变成拘押学生的监狱。这些不仅没有压服学生，让学生待在教室读书不迈出校园一步，反而激起群情激愤，社会各界全都行动起来表达爱国热情。工人、学生、商人携手，进行罢工、罢课、罢市的"三罢运动"。被群众怒火烧得焦头烂额的北洋政府被迫让步，于6月10日免去曹汝霖、章宗祥、陆宗舆的职务，五四运动取得初步成果。之后人们的视线更集中在"外争国权"上，拒绝在对德和约上签字便成了爱国运动的中心内容。

　　北洋政府慑于群众运动的压力，而且南北两个政府对立多有掣肘，一些地方军阀及政客也在利用此事大做文章，致使政府头头脑脑把对德和约签字这样的事看作手捧烫手山芋，吃不得、扔不得、捧不得，不知如何是好。不签字，他们怕得罪美英法等西洋人，也怕得罪日本东洋人，担心被完全排斥在国际社会之外，陷入孤立，后果不堪设想。签字，又担心激起人民群众反抗。

思来想去，最怕的还是洋人。6月17日，北洋政府电令出席巴黎和会的中国专使，在对德和约上签字。消息一经传出，北京政府就被置于火山口上。人们认定北洋政府同意在对德和约上签字就是卖国行径，这激起全国人民的极大愤慨，各地掀起了拒签和约运动的高潮。

为了给蓬勃兴起的群众爱国运动加柴添火，让群众运动的烈焰烧得更旺，以阻止北洋政府代表中国在巴黎和约上签字，陈独秀、李大钊、高一涵等北大教授上街散发传单。陈独秀抱定从研究室走进监狱的决心，毅然决然地"配合"警察抓捕。随即全国范围内兴起营救陈独秀运动，对于推动拒签和约起到很大作用。

由于和约直接涉及山东问题，山东的拒签和约运动开展得最为激烈。五四运动兴起后，山东各群众团体就纷纷致电北京政府，坚决反对在和约上签字，随着和约签字日期的临近，山东人民拒签和约的斗争更加激烈。为了直接向北京政府表达山东人民的强烈要求，山东省议会、教育会、学生会、农会、商会、律师公会、报业公会等团体，派出八十名代表进京请愿。6月20日，山东全体代表齐集新华门，向总统府和国务院请愿，提出了拒签和约、废除密约、惩办国贼等三项要求。天津各界联合会为声援山东代表的请愿斗争，派出十名代表赴京与山东代表共同行动。6月27日，山东、天津、北京、陕西等地代表联合到总统府请愿。与此同时，上海人民也积极配合，开展拒签和约运动。6月27日，上海各界人民集会，一致反对在和约上签字，要求废除中日间一切不平等条约。

巴黎中国代表团制定出一系列的谈判方案，对各个国家的代表展开游说，但英美法等国谈判代表根本就不见中方代表。中国外交总长陆徵

祥只好将方案一一交给各国代表团工作人员，恳请代为转交他们的总统或首相，并表示会彻夜守在电话机旁等待消息。可各国根本就不在乎中国的利益是否有损，也不认为任人宰割的老态中国会做出不签约的激烈反应。不仅谈判代表见不到，电话铃也根本就没有响起过。陆徵祥、顾维钧和王正廷围着桌上的电话，满脸疲惫，他们曾想过无数个谈判成功、争得国权后归国场景，却从未想过如此耻辱的结局。七尺男儿流下热泪，这是为了自己积弱积贫的祖国而百感交集的泪水。

第三十五集，1919 年 6 月 27 日，北京城内诸多请愿代表要求北洋政府拒绝在和约上签字，经过两天一夜的斗争，28 日晚徐世昌被迫接见了代表，陕西代表屈武以头撞柱，以死抗争，史称"血溅总统府"，徐世昌被迫答应不在和约上签字。但是，徐世昌这个老滑头，并没有给巴黎和会中国代表团发去拒签和约的电报指令。

在巴黎，中国代表团驻地被华人围得水泄不通，楼下华人的怒吼声一浪高过一浪，连围观或者路过的法国人，也对中国人如此血性刮目相看。华人们甚至组织起敢死队，声称就算用三个人的命换一个专使的命，也要阻止和约签字。中国代表团成员在没有接到北洋政府是否签约的明确指令的情况下，决定为了国家和民族，不管个人担多大风险，也绝不签字。

据顾维钧回忆，其实他们当时已经有了主张。原来一直担心不在和约上签字，中国会失去战胜国地位，遭到其他战胜国的不满甚或制裁，使中国陷入孤立。后来发现，巴黎和会有两个关系到中国的重要文件，一个是对德和约，阐明战败国是哪一方，战胜国是哪一方，如何处置战败国。涉及德国原来在中国山东的权益转给日本。这个和约不能签字，签字等于承认日本对中国山东的攫取。但还有一个文件，巴黎和会上美国总统威尔逊倡导创立了"国联"，起草了"国联盟约"。"国联盟约"

也阐明了战败国、战胜国都是哪一方，但不涉及中国山东问题。如果签署"国联章程"，既保全了中国战胜国地位，又不涉及山东问题。把山东问题暂时搁置起来，留待后续处理，这也是积弱积贫的中国人的智慧。所以，代表团已经反复商讨，不准备在对德和约上签字。但是，他们没有办法把底牌向华人和盘托出，华人围住他们就是让他们寸步难行，无法去和会会场签字。其实，代表团所有专使和工作人员，希望华人把他们包围起来，声势越大越好，既减轻他们"拒绝"签字的责任，又向世界彰显华人的声音，让世人知道，万万千千的中国人，不是任人宰割的羔羊。据顾维钧说，包围他们的华人已经组织一些人进入他们的办公室，分工几人"陪伴"一人，让他们无法"擅自行动"。

1919 年 6 月 28 日，中国代表团没有在对德和约上签字，这是中华民族伟大觉醒的一个重要标志。

中国拒签对德和约，在国际上确实引起一个小骚动。"不太引人注意的"、最容易被忽视的中国，竟然按照自己的意志表达意见，国际社会不可视而不见，当作她不存在了啊。国内舆论密切注视着国际上对中国拒签和约的反映，短短几天，各大报刊就开始报道美国对中国拒签和约表示同情和赞赏。

1919 年 10 月 16 日，美国参议院表决和约修正案，即将和约中规定的德国在中国山东的一切权利转交给日本改为直接归还中国。结果这项修正案以五十五票对三十五票被否决。这一消息传到中国，无异于晴天霹雳，更给对美国抱有幻想、寄予希望的中国知识界浇了一盆令人心寒的冷水。依赖外国解决山东问题似乎已经走投无路，更多的知识分子开始思考如何靠自己解决问题了。10 月 19 日《民国日报》写道："美国参议院已将山东问题修正案否决了，我们所希望于美人者今已失望。这可见依赖人家是靠不住的了"，我们应当"由此得一教训，就是对内

对外，非我国民自己竭力奋斗不可"。就连一直鼓吹英美民主政治的戴季陶，也在 10 月 19 日《星期评论》上发表评论，抨击英美民主制。他告诫国人："要彻底的觉悟"，"要恢复我们国民的权利是要靠我们自己的努力"，"是要从人民直接行使人民的权力，排除卖国的官僚武人政治，建设民主的国家做起"。

美国议会否决山东修正案，使中国一些以救国救民为己任、思想尚不僵化的知识分子对美国的幻想破灭，对一直崇尚的美国民主政治产生怀疑，这成了他们接受马克思主义的起点。许多先进知识分子，开始接受了马克思主义，积极宣传马克思主义。

（李占才）

五峰山下，李大钊再谈问题与主义

　　李大钊一直关注中国现实问题。他是北方汉子，从日本回国后，曾只身到江南考察，进一步考察国情，比较南北差异。他是中国最早的马克思主义传播者。第十八集，李大钊提议创办《少年中国》月刊，意在联合全国青年以开辟新局面，并提出要办一个马克思主义研讨会。胡适认为马克思主义是一种暴力理论，而且为政府所忌惮，陈独秀又已经成了焦点人物，学术还是不宜太过政治化。陈独秀建议研讨会的名称不要太直白，李大钊灵机一动便决定用"马尔克斯研究会"名字。这一幕，说明新文化运动的"三驾马车"关注点的不同和性格差异。李大钊对马克思有了兴趣；胡适主张不宜政治化，避免引火烧身；陈独秀在两人之间持中调和。

　　随着五四运动的一步步开展，新文化运动"铁三角"之间的裂痕越来越明显。他们的争论多数都是从要不要"关心政治"引起，实际上是由各自选择的理想道路、信仰发生分歧而引起的。三位好友坚守君子和而不同，分歧纷争尽量保持克制。但是，世界观和价值取向的不同是没有办法完全调和的。他们只要表达自己的观点和主张，分歧就一定会暴

露在世人面前。他们都是先觉者，表达是他们的必然选项。

陈独秀、李大钊上街撒传单，警察抓捕陈独秀时，李大钊被学生强行拉走躲过警察抓捕。随即李大钊被学生送出北京，暂时躲避到河北昌黎五峰山韩文公祠。陈独秀入狱，李大钊避走，胡适主编《每周评论》，出版了两期杜威研究专号。胡适委托陈延年将杂志带到狱中给陈独秀看，陈独秀看后极为不满。陈独秀专门把胡适叫到牢房，告诉胡适当务之急是要借五四运动的东风，大力宣传、鼓动民众，从根本上改造我们的社会，寻找一条救国救民的科学道路。胡适说："关键还要讲究科学方法，研究一些问题，少谈一些主义。清谈误国啊。"陈独秀立即反对："适之，你这个观点值得商榷，没有好的科学主义指导，怎么能研究好问题？"

7月20日，胡适在《每周评论》第31号发表《多研究些问题，少谈些"主义"》，劝说人们"多多研究这个问题如何解决，那个问题如何解决，不要高谈这种主义如何新奇，那种主义如何奥妙"，因为"主义"太危险，能使人心满意足，自以为寻找到包医百病的"根本解决"，"从此用不着费心力去研究这个那个具体问题的解决法了"。胡适还嘲讽说："空谈好听的'主义'，是极容易的事，是阿猫阿狗都能做的事，是鹦鹉和留声机都能做的事。"胡适文章发表后，研究系的蓝公武在《国民公报》发表《问题与主义》与胡适商榷，着重从哲学的视角阐述了"主义"的重要性。

《觉醒年代》第三十七集的故事情节是：陈延年、陈乔年、邓中夏、赵世炎、何孟雄、易群先、柳眉等前往五峰山韩文公祠看望李大钊。邓中夏将胡适在《每周评论》上发表的《多研究些问题，少谈些"主义"》以及蓝公武在《国民公报》上发表的《问题与主义》带给了李大钊，李大钊读过胡适的文章后，立即提笔对其文章中的观点进行了反驳。

李大钊在五峰山下韩文公祠的院子里，挂上自制木板，开讲："同学们，我看了胡适先生的那篇《多研究些问题，少谈些"主义"》的文章，我觉得有几个重要的问题，需要澄清一下，所以，我就作了篇《再论问题与主义》，把主要观点讲给大家听听。"

易群先问："守常先生，为什么叫再论？"

李大钊："因为有蓝公武在《国民公报》上发表了《问题与主义》一文，所以我的这一篇，就只能再论了。首先一点啊，我不同意胡适先生少谈'主义'的观点，因为现在的中国，我们当务之急要做的事情，是寻找一条挽救国家沉沦的道路，没有主义和科学理论，就等于没有方向，寻找新路而没引路的旗帜，就可能走上一条歧路，甚至是一条死路。所以说主义是非常重要的。"

邓中夏："先生，我看过胡适先生的文章，他说，他深深地感觉到了主义的危险。"

李大钊："胡适先生说到主义的危险，我觉得恐怕不是主义本身带来的。是什么带来的？是那些空谈它的人带来的。我记得仲甫先生曾经说过一句话，当今的中国，最需要的就是救国的理论，那么理论是什么？理论就是主义啊。所以，中国要想求发展，必须找到一个先进的理论，就是主义。胡适先生说，社会主义有冒牌的，所以不能高谈，关于这一点，我也不敢苟同，诚然，当今的社会的确流行着各种各样的社会主义。有我们宣传的科学社会主义、安福系的社会主义……各种形形色色冒牌的社会主义的确败坏了科学社会主义的名声。但是，对我们寻求真理、寻求救国道路的人来说，怎么能因为有冒牌货就放弃了对科学真理的追求呢？胡适先生主张少谈'主义'、多解决问题，实际上是反对从根本上解决中国问题，并将这种根本解决说成是危险的过激主义。他主张多解决问题，实质是主张改良，不触动反动的根基，这是错误的，行不通

的。大家知道，北洋政府的黑暗统治下，中国是一个没有生机的、枯萎的社会，它竟然敢把学校变成监狱，用来关押爱国的学生，在这样的社会里，你能解决什么实际问题呢？当你用什么工具都没有办法让它复活的时候，我们恐怕必须有一个根本解决的办法，才有把具体问题都解决了的希望。"

陈延年："先生，我想知道有没有一种成功案例，是先谈主义，后解决实际问题的。"

李大钊："有啊，就以俄国而论，实行生产资料归全体人民所有，这就是社会主义的原理，过去一切社会都不能解决的问题，现如今，全部解决了。依据马克思唯物史观，人类社会的基础是经济，法律问题、经济问题、家族问题等精神构造都属于上层构造、表面构造，那么这些上层构造的下边有一个经济构造，经济构造是它们的基础，经济构造一旦发生变动，上边的构造也会跟着发生变动。那么换句话说，经济问题才是根本问题，所以经济问题一旦解决了，什么政治问题、法律问题、家族制度问题、女子解放问题、工人问题通通都解决了。"

邓中夏："先生，您能不能讲慢一点，我们有点记不下来了，我发现您最近对马克思主义又有了许多新的看法。"

李大钊："我正在写《我的马克思主义观》的下篇，我们大家找个时间详细聊，今天我不想聊这个，我想跟大家谈谈布尔什维主义。我公开宣称，我是很喜欢布尔什维主义的。记得在协约国战胜的那一天，我作了一篇文章，叫《布尔什维主义的胜利》，登在了《新青年》上。可能是因为日本有人把布尔什维主义翻译成过激主义的原因，就有人说它是一种凶暴残忍的主义，这是非常荒唐的。我有一种强烈的感觉，布尔什维主义的流行是我们人类文化上的一大变动，我们应该介绍它，研究它，并把它昭布于人类社会，不可听信别人对它的谣言，就拿残暴的、粗暴的话对待它，抹杀它的一切。"

陈延年："前一段时间有人说，十月革命之后克鲁泡特金被人枪毙了，但是近期的欧美报道说他在莫斯科附近安然无恙。"

李大钊："对，这就让我们更加看清了一个问题，布尔什维主义是什么，那些主张不谈主义的，目的是反对布尔什维主义，反对的是科学的真理，在这种情况下，我们怎么办？我认为，宣称理想的主义与研究实际的问题是交相为用的，社会问题的解决，必须依靠社会上多数人的共同运动，而要有共同运动，就必须有共同的主义作为准则。所以，谈主义是必要的，不宣传主义，没有科学理论指导，社会问题永远没有解决的希望。让更多的人知道科学真理，并把这个主义当作材料，当作工具，去解决一个又一个的实际问题。至于那些阿猫啊、阿狗啊、鹦鹉啊、留声机啊，就任它们在旁边乱响；什么过激主义呀、洪水猛兽啊、异端邪说啊，我们就任他们给我们乱扣帽子，因为我们，根本就不在乎他们。"

不久，李大钊的《再论问题与主义》发表在《每周评论》第 35 号上。随后，胡适又在《每周评论》第 36 号上发表《三论问题与主义》，继续阐明自己的观点。而他撰写的《四论问题与主义》刚在第 37 号排版，《每周评论》就被北洋政府查禁，问题与主义之争遂告一段落。

问题与主义之争是一场发生在新文化阵营内部的、具有学术辩论形式但在内容上又带有浓厚政治色彩的争论。它事关如何解决中国社会政治问题的根本方法，反映了二者指导思想上的分歧。从这个意义上说，它并不是一场纯粹的学理之争，而是一次政治论争。通过论战，李大钊阐明了马克思主义与中国革命的关系，扩大了马克思主义影响。

（李占才）

赵纫兰：感人至深的李大钊夫人

李大钊夫人赵纫兰，出场次数不多，但给观众留下的印象最为深刻。她1884年1月21日出生于河北省乐亭县大黑坨村，与李大钊为同村人，比李大钊年长近六岁。李大钊是孤儿，是靠大祖父李如珍一手拉扯长大，家中缺少人手，李如珍作主，让李大钊与赵纫兰于1899年结为夫妻。当时赵纫兰不足16周岁，李大钊刚刚10周岁。虽然两人还都是孩子，但赵纫兰毕竟年长近六岁，女孩又比男孩成熟得早一些，所以赵纫兰担当起照顾李大钊生活的全部责任。两人不仅仅是亲密无间的夫妻，赵纫兰还扮演着既像姐姐又像母亲的角色。李大钊喊她"姐"，她喊李大钊"憨坨"。

《觉醒年代》第四集，李大钊回河北乐亭老家，李大钊的儿子葆华、女儿星华正抬着水桶往家走。两个孩子费力地将水桶提起来想要倒进水缸，却无奈力气太小非常吃力。李大钊赶忙上前将水倒进水缸，还亲切地叫着女儿星华的名字。妻子赵纫兰从屋里走出来，看着多年未见的丈夫，听着他喊"姐"，那一瞬真是百感交集。她赶紧告诉儿女这就是爹，叫儿女快喊爹。多年不见，孩子们认生，看着这个陌生的男人很是踌躇，但毕竟血浓于水，稍有犹豫的女儿率先喊着"爹"，一头扎进父亲温暖的怀抱，可儿子还是倔强地不好意思上前。赵纫兰立即带着孩子在院子里抓芦花鸡，一家人终于吃上团圆饭。

李大钊与赵纫兰拉家常，大钊告诉纫兰："军阀祸国殃民，前一段时间一个南京的朋友推荐我去做官，据说还是个肥差，我立誓绝不与军阀同流合污，不做祸害老百姓的事。"李大钊一脸真诚地问妻子："姐，我没去当官，你不会怪我吧？"赵纫兰只轻轻地说了四个字"我听你的"。李大钊是赵纫兰看着、陪伴着长大的，她对自己的丈夫完全信任。赵纫兰信任李大钊胜过信任她自己，说："你是干大事，干的是正事，我怎么能怪你呢！"李大钊说："我要办杂志，可能会有危险。"赵纫兰不解地问："办杂志，咋还有危险呢？我也搞不懂，怕拖你后腿。我会守着这个家，你放心办你的大事。"李大钊不因为自己妻子没有文化，不跟她交流，不跟她"交底"。赵纫兰非常爱李大钊，也非常爱他们的家，但并没有因为丈夫有危险，就阻拦丈夫冒险。她知道丈夫是有远大志向的男人，是要干大事的大丈夫，她不能拖丈夫后腿。谁说文化层次不同就没有爱情、没有和谐的夫妻关系？李大钊与赵纫兰，这对娃娃亲，一起长大的夫妻，心灵相通。

第十四集，赵纫兰到北京与李大钊团聚，在北京安了新家。李大钊在新家里盘炕，赵纫兰问："这北京大房子也盘炕呀？"李大钊说："还不是为了让你们娘仨睡得舒服一些吗。"李大钊干活有点笨手笨脚，来帮忙的长辛店工人小山说："别看先生学问大，干起活来还真不如我们长辛店的工人。"赵纫兰接手，干活比李大钊利索多了。赵纫兰喊："憨坨，拿砖来。"小山意会到李大钊小名叫"憨坨"，觉得有意思。李大钊不好意思，说这么大了，求妻子当着外人面别再叫他小名了。赵纫兰说："好好，在外面我就叫你寿昌、守常，在家里我还叫你憨坨。"一

边干活，一边说笑，其乐融融。为了给妻儿接风，李大钊决定带他们一起去东来顺吃涮羊肉，两个孩子开心坏了，又是穿新衣服，又是洗脸，就等着出发了。小山盘好炕要走，要赶回去照顾爸爸。临走时李大钊拿了一些银圆硬塞给小山。李大钊正准备带妻子儿女去吃涮羊肉，李大钊的学生刘海威、邓中夏突然造访，见到师母在，他们要离去，李大钊料定他们有事，留住他们问个究竟。邓中夏告诉李大钊，刘海威家中有事，学费暂时没能邮寄过来，学校需要一名老师给他做担保。李大钊听说担保的只是欠教务处五块大洋的押金，便立即答应直接给刘海威五块大洋交给教务处，用不着再做担保。但是，当他去找钱时，发现只有准备吃涮羊肉的两块大洋了。善解人意的赵纫兰连忙从衣兜里摸出三块大洋，说是李大钊给的盘缠没有花完，把剩下的都给了李大钊。李大钊把五块大洋交给刘海威，刘海威见状不愿意收，李大钊让他务必收下。两个学生拿着钱走了，可这下他们家的涮羊肉吃不成了，原本答应孩子吃涮羊肉的李大钊，只好弯着腰哄孩子，问："吃肉的坏处是什么呀？"李大钊自问自答："塞牙。"女儿说："我不塞牙。"李大钊说："吃面不塞牙。"儿子、女儿一齐嚷嚷："吃面吃够了，就要吃肉。"李大钊陷入尴尬。恰在此时，学校来人，送钱来了。说是蔡元培校长知道李大钊为人仗义，喜欢接济穷人，平时花钱总是大手大脚，每月的钱早早就花光了。蔡校长交代，每月扣下三十块大洋特意等着赵纫兰来了交给她，以作家用。这真是雪中送炭，夫妻两人看着大洋，嘿嘿一笑，李大钊忙招呼孩子："走，东来顺，吃涮羊肉了。"女儿星华被李大钊抱起，星华说："爹，我吃肉真的不塞牙。"李大钊也说："爹爹吃肉也不塞牙。"

第三十三集，李大钊在北大校园里带领学生们制作横幅和海报，安排着学生运动。怀孕的赵纫兰带着食物和换洗的衣物来到校园找李大钊，在凉亭中演绎了一场夫妻间感天动地的"感情大戏"。李大钊又是心痛又是体贴，既感激又懊恼地"责怪"妻子："外面这么乱，你出来干嘛。"赵纫兰平静地说："给你送点吃的。听说学校也抓人了，我不放心。"学生们知趣地散去，凉亭下就剩李大钊、赵纫兰夫妇，赵纫兰刚刚坐下，就有不适的反应，李大钊连忙问怎么啦，赵纫兰说肚子里的孩子在踢她呢，李大钊上前抚摸妻子肚子。大教授、新文化运动"大明星"，对妻子爱的表达方式与普通恩爱夫妻没有二致。赵纫兰对肚子里的孩子说："等你长大也上北大，你爹爹可是北大教授！"一句简简单单的家常话流露出赵纫兰的自豪之情。在北京大学当教授，在没有文化的赵纫兰眼里，那就是人生的高山顶峰啊！还有什么能比看到自己"带"大的丈夫有出息，更令她自豪的呢？疲惫的李大钊终于坐下来吃着赵纫兰做的饼和汤很是享受。赵纫兰与李大钊拉家常，说儿子葆华念书很用功，就像李大钊小时候一样。又说李大钊小时候背不好书一个人躲在鸡窝里哭，晚上念书困得打盹，头发都被灯火烧焦了。李大钊对自己顾不了家表示歉意和内疚，赵纫兰大度地说："你做的事有些我不懂，但我知道，你是做事，做大事，给别人做事，给老百姓做事。我不会拖你后腿，过些天我带着孩子回老家，在家里生孩子，不让你操心，你做你的大事。"赵纫兰掏出一个钱包，说这是从蔡校长每月扣下的三十元薪水里结余下来的钱，她交给李大钊，让他派大用场。有妻当如赵纫兰，她全部身心为丈夫、一心一意支持丈夫。

赵纫兰对李大钊说："小时候送你上学，每次看你进入学校大门，我都非常羡慕，能念书真好。你到天津、到日本念书去了，我在家最开心的事就是接到你寄回来的信，我每次都到村口找人帮我念信，回来后我一遍一遍地抚摸你的信，心想，我要是能够识字就好了，也可以给我的憨坨写信说说我的心里话了。"李大钊说："等安定下来，我一定教你认字写字，让你亲手写一封信给我。"说到这里，李大钊背过身去，

一边吃饼，一边任凭泪水如注，顺着双颊流淌进嘴角。赵纫兰也泪挂双颊，不能自已。这是一对多么恩爱的夫妻，这是多么平常的愿望，倘若天下太平，何至于不能实现呢？

突然，字幕跳出：赵纫兰于 1933 年 5 月 28 日病逝，终年 49 岁，河北省委 1936 年 6 月追认她为中国共产党党员。赵纫兰是一位有高尚道德和伟大品行的女性，为中国革命做出了突出的贡献。

李大钊于 1927 年 4 月被张作霖军阀政府杀害，赵纫兰忍受了多么大的打击，假如李大钊没有遭遇不测，赵纫兰追求的一家人平平安安过日子的愿景就不会落空。她一把一把加土、一块块加石垒起的一座山倒了，她生命的支柱倒了，她的心空了，她又怎么不积伤痛而成疾？张作霖杀害李大钊，永远被钉在历史的耻辱柱上。李大钊被害后，赵纫兰一直为安葬自己的丈夫而努力，直到 1933 年 4 月才在众多友人帮助下，把李大钊安葬在北京万安公墓，了却了她最大的心事。赵纫兰去世后，被葬在李大钊墓旁，实现她最后的心愿。

（李占才）

高君曼与江冬秀：
陈独秀夫人和胡适夫人

陈独秀夫人高君曼，在陈独秀、李大钊、胡适三位教授夫人中出场次数最多，但明显是处于"陪衬"地位。高君曼，本名小众，又名君梅，1888 年出生，陈独秀第二任夫人。陈独秀 1879 年生于安徽怀宁，自幼丧父，17 岁时家庭做主，与比他大三岁的高晓岚（高大众）成婚，高晓岚是没有文化的小脚女人。陈独秀与高晓岚生育了延年、乔年、松年、玉莹三子一女。高君曼是高晓岚同父异母的妹妹，所以陈延年、陈乔年喊她姨妈。高君曼就读于北京女子师范学校，是三位教授夫人中受教育程度最高的。高君曼天生丽质，受过高等教育，1909 年暑假到姐姐家度假，此时姐姐和姐夫感情已破裂。她见到谈吐非凡的姐夫陈独秀，崇拜之情油然而生，接触过程中，感情由亲情而骤然升温为爱情。两人打破世俗观念，结合在一起。

从 1910 年至 1925 年，高君曼与陈独秀共同生活了十五年。这十五年是陈独秀一生中最重要的人生阶段。高君曼与陈独秀患难与共，生死相依，渡过了一个又一个难关，还生育了一男一女两个孩子。《觉醒年

代》所反映的这一时间段，正是高君曼与陈独秀一起生活的这段时期。他们的结合来之不易，陈独秀自然对高君曼加倍怜爱。高君曼为人贤淑，知书达理，所以伉俪之间是和睦相处的。高君曼崇拜自己的丈夫，心甘情愿地追随他，为他分担劳累和忧愁。所以，只要她出现，不是忙着料理家务、招待客人、关心陈独秀的学生，就是为陈独秀担惊受怕，到关押陈独秀的牢房里探监。最让她操心的事就是缓和陈独秀与两个儿子延年、乔年的紧张关系。有时一个小情节，有时几句话，都彰显出高君曼仁慈、温柔和明理、坚韧的风采。

比如《觉醒年代》第七集，陈独秀把妻子高君曼和两个孩子接到北京，高君曼忙着收拾房间庭院，两个孩子在玩耍，陈独秀抱着一只小白兔，在躺椅上悠闲地与君曼聊天。他让君曼歇息一下，那些活他也能干好他会帮着干。君曼说你还是消停一点吧，你会越帮越乱。接着她又说：北京的冬天就是比上海好，屋里暖和，上海的冬天屋里与外面一样冷。延年和乔年在上海脚都起了冻疮，还坚持摆摊挣钱。她夸两个孩子现在懂事了，延年还来跟她道歉，说是过去姨妈对他们关心，他们没有很好地理解。听说儿子生了冻疮，陈独秀心疼，说以前是为了磨炼他们，现在看来还是得让他们来北京。君曼又告诉陈独秀，最近兄弟俩迷上了吴稚晖的无政府主义，一心想留学法国。陈独秀评价吴稚晖面善心狠，两个孩子不能跟他走得太近，得给他俩写信提个醒，说着，陈独秀就起身准备进屋写信。君曼面带微笑意味深长地问："你写呀？"陈独秀立即意会："你写，你写，我说，你写。"又特别交代一句："再寄一些冻裂膏给他们。"李大钊带着赵世炎、郭心刚、白兰抬着一套梳妆台来到家里拜访。君曼一听陈独秀介绍来人是李大钊，马上说："久仰久仰，你写的《青春》我不止一次朗诵。"李大钊立即回应："嫂夫人是大才女，你写的诗大有李清照的婉约之风。"这算作全剧最正面介绍高君曼知识女性形象的剧情了。

第九集，张勋复辟，北京城响起枪炮声。高君曼、陈独秀在院子里观望情况，陈独秀很镇定，认为复辟的张勋、讨逆的段祺瑞都不会往北京城里打炮。恰在此时，一声巨响，高君曼问："这是什么呀？"陈独秀有把握地说："可能是讨逆军在用炸药炸城门，我跟蔡子民在一起做过炸药，就这动静。"高君曼突然关切地问："你说上海会不会打起来呀，延年和乔年不会有事吧？"稍后，胡适回国，陈独秀要到上海迎接胡适。陈独秀回到家告诉高君曼，明日一早就要去上海，君曼赶忙去大街上买东西带给延年和乔年，陈独秀叮嘱她只带一个包，不要买太多东西。结果高君曼让陈独秀大包小包背了五个，到上海带给两个儿子。

第十五集，陈独秀不让高君曼去儿子陈延年他们办的工读互助社的食堂买早餐，自己却晃悠着去看看。食堂生意不好，陈独秀是第三个来到食堂的客人，孩子们盛情邀请陈教授，已经吃过早饭的陈独秀只好又点了早餐，却因为没有带钱引起延年的不满。延年要陈独秀洗碗做工抵饭钱，陈独秀只好默默洗起碗来。高君曼知道陈独秀一定会来这里，便带着钱来到食堂，佯装着不在意，随便几句话便将陈独秀的爱子之心暗示给了延年。延年知道父亲是关心自己，也将刚出锅的油饼悄悄拿给陈独秀，父子之间的坚冰一点点融化，高君曼在其中起到了极为重要的调和作用。

第十八集，陈独秀回家看到门口竟有一群流氓样的人高声叫嚷陈独秀是伪君子，陈独秀坦然上前，那些人赶紧闭嘴逃走。推开门，看着妻子默默切菜的背影，陈独秀刚想解释，君曼坚忍地告诉他，是非人心不足论，如果就因为这几句蚊子苍蝇的叫嚷她就哭哭啼啼，那她就不是当初那个他一心寻找的高君曼了。稍后，看着妻子抱着熟睡的孩子，陈独秀俯身也躺在妻子的怀中睡去，君曼无声地流着泪，满眼

都是对丈夫的心疼。

第三十八集，陈独秀、李大钊、高君曼带孩子和学生游长城，陈独秀说："别听我们两个在这演讲了啊！你们各自去感受长城。"他突然读了两句诗："楚天千里清秋，水随天去秋无际。"

高君曼立即接道："落日楼头，断鸿声里，江南游子。"

众人齐声道："把吴钩看了，栏杆拍遍，无人会，登临意。"

"吝啬"的编导，只在这里才舍得展示一下高君曼这位发表过诗歌、文章的才女的文采。

高君曼对陈独秀产生爱情，始于对陈独秀的崇拜。高君曼与陈独秀一起生活，大多处于担惊受怕的紧张状态，她身患肺结核病一直没有得到有效治疗。1922年后她与陈独秀的夫妻感情也开始冷淡。1925年，高君曼带着她与陈独秀的儿子陈鹤年、女儿陈子美离开陈独秀，移居南京。陈独秀每月提供三十块大洋生活费，两人没有再见面。1931年，高君曼病逝于南京，享年43岁。

胡适自幼丧父，是母亲一手把他带大的。胡适的夫人江冬秀，生于1890年，安徽旌德县江村人，胡适与江冬秀的婚姻，完全是由双方家长定的。本来胡母有所顾虑，一因冬秀大一岁，绩溪俗谚有"男可大十，女不可大一"之说；二因胡适属兔，冬秀属虎，一般认为他们的属相相冲；三因江家兴旺，胡家已中落，有不相称之虑，因此不肯表态。但江母一心想促成这门亲事，胡母在多个候选人的八字中用筷子夹出一个八字来，摊开一看，正是江冬秀，于是认为是天作之合，便定下这门亲事。当时胡适14岁，江冬秀15岁。随后胡适就先后到上海、美国求学去了。过了十多年，他俩还未结婚。1917年胡适回国，奉母命回老家与江冬秀完婚。胡适坚持举办新式婚礼，这场婚礼在电视剧中没有表现出来，只有胡适打着雨伞一步三停地走过一座小桥，在婉约的琴声中，惆怅地看着雨打湖面的镜头。然后用陈独秀执笔、李大钊报单抄写北京大学同人送胡适结婚贺礼的镜头，向观众交代，胡适与江冬秀完婚了。一个留美博士、满脑子美国文化的"海归"、新文化的倡导者和新文化运动干将，向传统礼教屈服，谨遵母命，与从未谋面、不通文墨的江冬秀完婚。当然，江冬秀从 15 岁坚守到 28 岁，不管有多少风言风语，不管有多少人劝她"撒手"，她都坚定不移。她从一个情窦初开的小姑娘，硬生生等到"奔三"的大姑娘，在那个时代真的很不容易。不是因为她已经与胡适有了深厚的感情，两人连面都没有见过，感情从何谈起。她就是信命，既然母亲看中了，将她许配给胡适了，她就认这个命，也相信一切都是命中注定。她的坚持给胡适很大压力，但胡适最终还是选择了她，除了母命难违之外，或多或少也有江冬秀坚持等了十多年，已经老大不小，胡适如果违约，人家都很难再嫁，怎能忍心？这就是胡适，不仅仅是慈悲情怀，还有一份责任担当。按照胡适的意见，胡适与江冬秀结婚办了一场新式婚礼，胡适亲自撰写了两副对联："旧约十三年，环游七万里""三十夜大月亮，廿七岁老新郎"。

江冬秀与胡适结婚之后不久，来到北京。第十六集，陈延年他们演活报剧，高君曼拉着胡适的妻子江冬秀一同前来看戏，冬秀不好意思地对胡适说，我来不会给你丢人吧？胡适立即说道："你是胡适之的夫人，怎么会给我丢人呢？"胡适拉着妻子的手，把江冬秀引荐给蔡元培等人，引来一片赞扬。偏偏吴稚晖不识时务，不知轻重地指着胡夫人江冬秀开玩笑："哇，你是个大名人，听说你把适之堵在牛车上求婚。"陈独秀大骂吴疯子，让江冬秀不要理会他。胡适拉起妻子落座看戏，在场的李大钊感叹，早知道也带着妻子一同前来看戏。

第十八集，陈独秀、李大钊、胡适正在连夜讨论办杂志的事情，胡适看表，叫一声："呀，快 10 点了。"他赶紧拿起皮包就要回家，陈独秀、

李大钊大感吃惊，胡适连忙解释，媳妇管得太紧，每天必须准时 10 点前睡觉，不能熬夜。陈独秀和李大钊笑称他还真是听话。电视剧中，胡适晚上 10 点回家睡觉，被多次提起。胡适晨跑路过工读互助社食堂门口，品尝同学们做的油饼，直喊香。李大钊兴冲冲地来到食堂吃早餐，吃着油饼喝着粥，邀请胡适一起吃。胡适表示要守家规，不能在外面吃早饭，只能回家请示夫人同意后，明日他们夫妻两人一同过来吃早点。胡适处处表现得非常模范，因为他特别在意形象。江冬秀正是把握住了胡适爱面子、重形象的秉性。她也是胡适的贤内助，相夫育子，家管得很好。她乐善好施，资助过胡适的许多学生和青年后生，做过不少善事。

1962 年 2 月 24 日晚，胡适在台北逝世。又过了十三年，1975 年江冬秀在台北病逝，享年 85 岁。

（李占才）

凤凰涅槃：陈独秀、李大钊信仰马克思主义

陈独秀、李大钊是那个年代的先觉者，更是掀起觉醒风暴的领航人，他们在唤醒他人的同时自己不断追求进步。他们最终选择信仰马克思主义，完全是自主选择。他们通过阅读马克思主义书籍，深入了解中国实际，比较当时在中国传播的各种主义，认识到只有以马克思主义为指导，走俄国十月革命的道路，才能够救中国，才能够使中国走向新生。他们坚信社会主义。四十三集《觉醒年代》反映1915年至1921年六年时间的历史，展现了两个人思想发展历程，信仰选择的轨迹。

《觉醒年代》开篇，李大钊与陈独秀在日本碰面，刚一见面就在要不要爱国、爱什么样的国以及怎样爱国方面，表现出了严重对立的观点。但他们都赞同中国急迫需要探索新道路，至于新道路是什么，都很迷茫，都表示愿意上下求索。

第十一集，李大钊只身下江南，走访民间，同广大群众沟通谈话，倾听大众的呼声，寻找适合中国的道路。深入了解中国实际，深刻认识中国国情，是李大钊世界观和信仰转化的基石。他在日本读书时已经阅

读大量马克思主义尤其是关于社会主义的书籍，结合中国实际，对资本主义是否能够拯救中国，产生怀疑。但路在何方？他还不明晰。

李大钊在长辛店与工人说起社会主义，社会主义是人不剥削人、人不压迫人。工人问中国有这条路吗？李大钊说，正在找。毛泽东见到李大钊，李大钊听说毛泽东喜欢看无政府主义的书，主动提起俄国十月革命和《共产党宣言》，建议以后他们一起研究。新文化运动遭到"围剿"，陈独秀写了《今日中国之政治问题》，表示自己不退缩的决心。李大钊很是赞同。

第二十八集，五四运动学生被抓，陈独秀、李大钊雨夜走在泥泞的路上，边走边讨论。陈独秀问李大钊："创办《新青年》的时候，我提出过一个目标，要为中国寻找一个真理，一条道路。我想问你，今天，你找到了吗？"李大钊回答："我觉得我找到了，真理就是马克思主义，道路就是俄国十月革命。"陈独秀说："我从去年下半年就十分关注马克思的著作，今年上半年，《新青年》每期都刊登和介绍马克思主义的文章，特别是上个月的《每周评论》，刊登了《共产党宣言》第二章，很有反响，我的思想也触动很大。"李大钊说："《共产党宣言》是马克思和恩格斯的经典著作，非常精彩深刻，很多段落我都能背。"陈独秀说："老实说，我虽然没有像你那样的确认，但是我对马克思主义的兴趣越来越浓烈了。至于说俄国的十月革命，我也有同感。我研究得不多，但是我觉得，跟英、法、美比起来，可能俄国的方式更适合中国。"

针对北洋政府大肆抓捕学生，把北京大学变成监狱，陈独秀深受刺激，他说："今天一天事情发生下来，对我刺激很大，我在想，可能从今天起，我们要一起走上一条和反动政府直接对抗的道路。守常，你想，这条路应该怎么走？"李大钊说："我们必须让民众直接出来解决问题，光靠我们学生不行，我们必须发动群众，进行斗争。"陈独秀说："对，今天只是一个导火索，我们的任务，是要用它引爆整个中国，让全国各行各业都要行动起来，让他们直接参与到改造整个社会的斗争中来，唯此，中国才有希望。"李大钊说："过去咱们的新青年，只是关注思想启蒙，现在我们要明确提出从根本上改造社会的任务，这就是我们的责任。"陈独秀说："好，那我们的《每周评论》和《新青年》两个刊物，要都做这方面的文章，今天晚上我们就开始，争取明天出刊。"李大钊说："仲甫兄，你又让我想起了那句话——"两人用深沉厚重的声音呼喊："让暴风雨来得更猛烈些吧！"

第三十四集，在北大校园，陈独秀与李大钊有一次深刻谈话。陈独秀说："前一阵子，我把你写的《我的马克思主义观》又仔细读了一遍。把四月六日《每周评论》发表的《共产党宣言》第二章《无产者和共产党人》也仔细读了一遍，很受感触。我觉得，你现在是中国宣传和信仰马克思主义的第一人，所以有些事情我需要请教你。"

李大钊告诉陈独秀，在日本时自己就已经关注马克思主义学说了，他现在正在写《我的马克思主义观》的下半部分。李大钊问陈独秀对上半部分内容的看法。陈独秀说："至少我现在觉得，马克思主义比无政府主义更要有理，比杜威的实验主义也要有理，但至于它是不是当今时代最先进的理论体系，这个还不好说，因为我没有看到全部的马克思主义著作。"

李大钊说："日本很多人都在研究马克思的社会主义学说，翻译了很多资料。原先我只是读它的原理，最近我把它结合到中国的实际中来读，越读越觉得开窍。我有一个想法，中国要想求发展，必须依靠马克思主义理论来做我们的指导思想，除此之外，很难找到第二条路。"

陈独秀问李大钊怎么看待俄国十月革命，李大钊回答："这个问题，我在之前发表的《法俄革命之比较观》中就有所阐述。总的来说，俄国

的十月革命与英法革命是截然不同的，我认为它是最先进的革命。以往的英法革命，归根到底，它还是资产阶级的革命，但是俄国的十月革命则不同，它是无产阶级领导的社会主义革命。依据马克思主义的理论，社会主义革命是资本主义发展的必然结果，从这个意义上来讲，它一定是最进步的革命。"

陈独秀真诚地说："马克思的书我读得不多，但是我知道社会主义学说一个基本的观点，就是社会主义革命只能在资本主义充分发展了之后才能爆发，可是现在俄国并不是发达的资本主义国家呀。"

李大钊说："这一点我原先也不了解，但是后来我看了列宁的书之后，才知道列宁有一个观点，说社会主义革命可以在帝国主义的薄弱环节当中爆发，并且取得成功。你看，俄国的十月革命到现在，已经快两年了，苏维埃政权在帝国主义的层层包围之下已经站稳了脚跟，这足以说明列宁的观点是正确的。"

陈独秀将信将疑地问："那这么说，像中国这样积贫积弱的国家也能搞社会主义革命了？"李大钊说："这一点我还在研究，不过俄国的十月革命已经为咱们做出了榜样。"陈独秀诚恳地说："好，守常，你今天给我上了一课。"

第三十八集，陈独秀、李大钊带着高君曼和学生一起游长城。陈独秀发表演说："大家有没有想过，为什么我们这个国家至今依然是疮痍满目，在这个强盗的世界里，一败再败，任人欺侮，富国强兵，竟在何方？"

邓中夏回答："我们认为，我们应该勇敢地站起来，把旧世界打个落花流水。"

陈独秀赞许道："说得好，世界上的军国主义和金力主义现在是应该抛弃的了。我们理想的新社会，是诚实的、进步的、积极的、自由的、平等的、创造的、美的、善的、和平的、相爱互助的、劳动而愉悦的、全社会幸福的，希望那虚伪的、保守的、消极的、束缚的、阶级的、因袭的、丑的、恶的、战争的、轧轹不安的、懒惰而烦闷的、少数人幸福的现象，渐渐减少，直至消灭。我们的主张是民众运动，是社会改造，要和过去以及现在各派政党断绝关系。我们相信真正的民主政治，必会把政权分配给人民大众。我们反对一切拥护少数人私利，或一阶级利益，眼中没有全社会幸福的政党。"

李大钊接着演讲："同学们，自鸦片战争之后，我们中国人为了寻找救国的药方，已经有八十年了，可以说是尝遍了各种药方。但是今天，在这个古长城上，我和仲甫先生在你们的身上，看到了这个曙光。同学们，你们是这个时代的先锋，我希望你们以青春的力量去实现社会主义的伟大理想，去重建我们这个民族的伟大辉煌。"

在古长城上，陈独秀与李大钊两人有一场深刻对话。陈独秀告诉李大钊："我在狱中三个月，读了社会主义学说和有关十月革命的书籍，对于马克思主义学说，有了进一步的认识。大体上已经有了一个初步的概念，那就是，也许只有马克思主义可以救中国，也许只有俄国十月革命的道路，才能救中国。"

李大钊非常兴奋："我真是想为你这个思想升华大声喝彩，我真是想冲这个长城大声呼喊：中国有救了！"

陈独秀说："《新青年》复刊，要重点宣传和引进马克思主义，要宣传和研究俄国十月革命，要把办刊的重点由原来的思想启蒙转到探寻救国的道路、实现社会的根本改造上来。"李大钊说："我已经正式提出申请，下一个学期，我要开设唯物史观和国际工人运动这两门课，同时，我还要建立马克思学说研究会，为将来建立一个政治性组织做好准备。"陈独秀说："好，还是你想得长远，五四运动这个事件之后，我们确实需要想得深一点了。"李大钊说："关键是，我们要重新再造一

个国家，再造一个崭新的国家，而且要让国人生活在幸福的生活里。"
陈独秀大声喝彩："说得好，这也是我们《新青年》复刊宣言的主旨。
守常，我今天真的很高兴。"

凤凰涅槃，陈独秀、李大钊成为马克思主义信仰者。

（李占才）

从见面就顶牛到依依惜别：陈氏父子关系的演变

陈独秀父子三人的关系是电视剧《觉醒年代》的重要看点，父子三人从见面就顶牛到码头依依惜别，成为电视剧的一条重要副线，是很多观众的泪点。

陈独秀刚从日本归来，老友汪孟邹在家中为其接风洗尘。陈独秀的两个儿子陈延年、陈乔年在厨房中帮厨。汪孟邹等人与陈独秀一番高谈阔论，说的尽是天下大事。陈乔年给陈独秀端上一碗菜来，打开一看竟是荷叶包裹的一只活的癞蛤蟆。满座宾客无不大吃一惊，陈独秀却心如明镜，知道不是陈乔年一人所为。大儿子陈延年从厨房中走出，当面直呼其名，指责陈独秀无情无义，连累家人，就连爷爷去世都不回去为他奔丧，给刚回国的陈独秀来了个下马威。

事实上，陈独秀是一个特立独行的人，青少年时代就有不俗的品格。陈独秀幼年丧父，祖父陈章旭担起对他启蒙教育的职责。陈章旭深受传统文化影响，教起孙子来自然还是四书五经那一套。年幼的陈独秀一旦背不出来，祖父就会拿着戒尺重重地打陈独秀的手心。无论祖父怎样打，

他总是咬紧牙关，不吭一声，不掉一滴眼泪。陈延年也继承了陈独秀的性格，他自幼身体壮实，皮肤粗糙黝黑，性格内向，脾气像父亲一样倔强，平时沉默寡言，看上去不像个读书人，家中人因此戏称他为"黑面武生"。

陈独秀一生颠沛流离，大半辈子都在闹革命，常常无暇顾及妻儿。在家庭里，他并不是一个好丈夫和好父亲。陈独秀主张子女自创前程，他曾对友人潘赞化说："妇人之仁，徒贼子弟，虽是善良，反生恶果。少年人生，叫他自创前途也。"陈独秀在上海创办《新青年》时，陈延年、陈乔年也随父亲来到上海，一边读书，一边做工。陈独秀事务繁忙，很少顾家，也很少关心两个儿子。

陈延年、陈乔年也偏要"自讨苦吃"，兄弟俩宁可自己到码头当苦力，扛大包挣钱养活自己，也不愿接受陈独秀的接济。陈延年早就立志，要自创前程。陈延年带着弟弟半工半读，把生活的艰辛当作磨炼。他们一天仅吃两餐，餐餐大饼，口渴了就饮自来水，晚上就睡在亚东图书馆的地板上。冬无棉衣，仅有夹袄御寒，夏无蚊帐，任凭蚊虫叮咬。潘赞化就曾记述寒冬的一天夜晚在马路上遇见陈延年的情景：北风大作，气候寒冷，路旁电灯昏蒙不明，远见一团寒气向我方来，近视之，延年也。一身寒雾笼罩，如沙漠上的小羔羊。以手抚肩背，仍服袷衣。与陈延年告别后，潘赞化不由地感叹，陈氏二子已从苦难中磨砺出来，待父看似冷漠无情，实乃英豪气概！

在艰苦生活的洗礼下，陈延年兄弟俩虽然对父亲依旧有怨言，但对父亲深沉的父爱和光明磊落的行事风格，他们也是渐渐懂得，进而心生佩服。尽管有着感情上的隔阂，但陈延年和陈乔年对陈独秀所办的《新青年》并不排斥，相反还是《新青年》的忠实读者，还从事《新青年》的发行和宣传工作。

陈独秀担任北大文科学长，后前往上海迎接胡适，他顺便看看儿子，见儿子还没到，他就亲自到厨房把从北京带来的肉包子蒸热，等着兄弟俩的到来。兄弟二人到了后，陈独秀知道两个儿子生活不容易，明明是很想让两个儿子吃包子，但嘴上一直在强调："那包子不是给他们带的，而是你们的姨妈给我做的，我吃剩的。"当听到儿子喊他陈独秀先生，陈独秀像是生气的样子起身走人，但走前还是把厨房里已经蒸好的包子拿了出来放到儿子面前，赌气说："这是陈独秀先生带来的，是高君曼女士蒸的。"

陈延年和陈乔年到了北京继续勤工俭学，读法文补习学校，陈延年带头创办工读互助社，办俭洁食堂，陈独秀特意前往俭洁食堂，点了早餐却忘记带钱，无法付款。陈延年冷嘲热讽地说谁都不能吃"霸王餐"，罚陈独秀洗碗抵扣餐费。陈独秀"吃人家的嘴短"，自知理亏，老老实实地帮助洗碗。继母高君曼赶来，不仅付了陈独秀的早餐费，还悄悄告诉陈延年，父亲放下家中准备好的早饭，特意跑来吃早餐。延年知道这是为了支持他们的食堂，内心有所感动，给陈独秀重新送上了一块油饼。

对于两个儿子应该成长为什么样的人？陈独秀有着自己的期待。他深谙传统文化育子之道。穷养儿子，磨其筋骨，励其心志，让他们历练历练，才能成有用之才。高喊民主、科学口号的陈独秀，对待自己的儿子，也从不以"父父子子"那一套伦理纲常压抑儿子的个性发展。在政治上，陈独秀尊重兄弟二人信仰上的独立选择，但又谨防他们误入歧途。陈独秀明白，只有自己经过读书、实践，阅历社会，在比较鉴别中，所选择的政治信仰，才靠得住，才会升华自己、净化自己、激励自己。同时，陈独秀也知道，当时的中国正处在西学东渐的大潮流中，五花八门的各种思潮，都在闹哄哄地鼓吹。青年人阅历浅，容易误入歧途。延年、乔年两兄弟，已经被从欧洲传入的无政府主义思潮深深吸引。如果对他们当头棒喝，不准他们接近无政府主义，反倒会让儿子产生逆反心理，

凭他们的父子关系，不仅不会起作用，弄不好会适得其反。只有让他们在实践中碰壁，验证无政府主义不能救中国，无政府主义互助实验走不通，他们才会抛弃无政府主义，才有可能接受马克思主义。陈独秀其实是希望延年和乔年去苏联留学，但延年和乔年认为法国是无政府主义的故乡，决定去法国勤工俭学。陈独秀看兄弟俩很坚决，便没有硬性阻拦。

陈延年、陈乔年到北京之后，看到自己的父亲为国为民不遗余力地呼喊、奋争、操劳，不仅为北大改革出谋划策，还把《新青年》搬到北京办得红红火火，影响巨大，陈独秀已经成为新文化运动旗帜，又积极投身五四爱国运动，成为五四运动时期的总司令，受到众多先进知识分子，尤其是广大青年的拥戴。他们对父亲的为人越来越了解，对父亲为国为民的担当精神很是佩服。他们对父亲在新文化阵营中、在知识界尤其是在青年学生中享有的威望也不无自豪。同时，他们自己也并不是"看客"，而是满腔热血要报效国家，积极投身到新文化运动、学生爱国运动中，得到锻炼。血浓于水，他们与父亲原本就没有根本利害冲突的"坚冰"，因生疏、误解而产生的隔阂，在耳濡目染、不断地近距离接触中一点点化解开来。陈延年在学生运动中被军警打伤，陈独秀背起延年跑向医院，高一脚低一脚、深一脚浅一脚，绊倒后双膝着地，又咬牙挺起，继续背着儿子向前跑的那一组镜头，将伟岸的父亲形象展现得淋漓尽致，感动了无数观众。苏醒后的延年知道那种情形之后，又怎能不为之感动。陈独秀舍身饲虎，被抓进监狱之后，儿子们非常着急，四处找人营救，延年还跑到河北昌黎韩文公祠，请李大钊设法营救父亲。陈独秀出狱，儿子也是发自内心地欢喜，在欢迎陈独秀出狱的聚会上，乔年特意为自己的父亲做了荷叶黄牛蹄，当众对当年给父亲菜里包了一个癞蛤蟆表示歉意。

其实，工读互助社实验的失败，对延年、乔年思想就有很大触动，但是他们没有一蹶不振，而是继续探寻新道路。因仍然对无政府主义抱有幻想，他们决计赴法国勤工俭学。

在上海的码头上，人来人往，专程赶来送儿子的陈独秀与两个儿子真情拥抱，双手拍打着两个儿子的后背，千言万语都在其中了。儿子离去，陈独秀站在原地久久没有动，远远地看着两个儿子奔赴远方，感情相当复杂，既为儿子长大成人、积极进取感到由衷的欣慰，也为儿子远行依依不舍，还或多或少为儿子走向陌生世界和未来的不确定性感到几分担忧。延年和乔年也是一步三回首，满怀喜悦地奔向前方，又频频回首微笑着向父亲致意。导演此处有神来之笔，用蒙太奇手法，叠印陈延年、陈乔年壮烈牺牲的含笑面对死亡的摄人心魄的画面，让观众无不泪崩。

陈延年、陈乔年去法国勤工俭学后，对无政府主义绝望，受马克思主义影响，接受了马克思主义，加入了中国共产党，最终成长为勇敢的共产主义战士。陈独秀得到消息后分外欣慰。陈氏父子在一次次误会、争论中，终于实现了以共同信仰为基础的和解，成为献身革命事业的战友。

1936年，张学良、杨虎城发动西安事变。当蒋介石被扣押的消息传到南京监狱时，陈独秀托人买来酒菜，对狱友说，我平生不喝酒，今天要好好喝上一杯。酒洒到地上，陈独秀祭奠、告慰被蒋介石杀害的两个儿子，不禁失声痛哭。

（孔昕）

说陈独秀和他的两个儿子一直不和是一种误读

人们一般认为陈独秀和陈延年、陈乔年关系很不好，一直没有和解。其实，这是一种误读。

认为他们父子之间关系一直处于紧张状态，甚至老死不相往来，这是一种误读。因为我们现在能够看到的关于陈延年、陈乔年的记载是很少的，特别是关于他们留法勤工俭学之前的这一段基本是没有档案文献材料记载的，只有一些回忆。回忆又基本都是新中国成立后的回忆，都是一些当时和陈独秀他们比较亲近的人的一些回忆。这些人也许是出于一种好心，把延年、乔年与陈独秀区分开来，使陈独秀的党内处分和右倾机会主义"路线错误"不至于影响到延年、乔年两位烈士的英名。说他们父子始终不和，延年、乔年在上海勤工俭学，从来不住家里，陈独秀也不给他们钱；他们小哥俩在上海吃了不少苦头；后来到了大革命的时候，延年、乔年坚决反对陈独秀的右倾路线，坚决与陈独秀做斗争。这些说法都是出于好心，不愿让两位烈士受到他们父亲的影响。

从查到的资料看，他们之间的关系不应该是这样的。如果延年、乔年真是那么记恨他父亲的话，他们为什么要来上海找他们的父亲呢？那个时候陈延年 17 岁，陈乔年才 13 岁。两个半大孩子，在人生地不熟的大上海，如何立足？如何生存呢？是陈独秀让他们来上海，给他们安排得还挺好。当然，他俩在上海到底上过学没有？历史资料没有明确记载。有人说他们上了震旦大学，还有人说他们上了同济大学（法文系）。总之这一时期，延年、乔年他俩是投奔父亲而来的，但是那个时候陈独秀家境还不行。延年、乔年去勤工俭学，一方面是他们有志气，磨炼自己；另一方面也是为了减轻家庭生活负担。陈独秀呢，前清秀才，深谙传统文化育子之道。他深知穷养儿子，磨其筋骨，励其心志，让他们历练历练，才能成有用之才。

正如《觉醒年代》第二集，陈独秀与夫人高君曼聊起两个儿子时，陈独秀说："我在国外，听过欧洲一首歌曲，名字叫《国际歌》，歌词还没翻译过来，不过有几句倒是让我印象深刻。大意是：世上没有救世主，也没有神仙上帝。要创造大家的幸福，只有靠我们自己。唱得好，说得对。大到国家，小到个体，自己的命运自己争取，把自己的命运寄托到老子和家庭身上，是靠不住的。"高君曼问："那你这个父亲是干什么的？你的责任到哪里去了？"陈独秀回答："我的责任就是让他们知道，怎么才能担得起这个国家、社会和历史的责任。如今乱世，做我陈独秀的儿子，必先'苦其心志，劳其筋骨，饿其体肤，空乏其身，行拂乱其所为，所以动心忍性，曾益其所不能'。"

有人说陈延年、陈乔年没有去过北京。但是有资料显示，他们是去过的。包惠僧受陈独秀指派参加一大并担任过陈独秀的秘书，还是北大的学生。他在回忆录中清清楚楚地写了，这两个孩子五四运动前后在北京和俞秀松他们一起办工读社。而且这不仅是包惠僧一个人说的，革命烈士赵世炎的夫人夏之栩也是这么说的。新中国成立后周总理亲自找到

了夏之栩，对她说："希望你帮我写一篇文章来纪念陈延年，不然我心里面过不去。"夏之栩当时写得很清楚，说延年、乔年在五四前后搞工读社。鲁迅的回忆录里也有相类似的记载，钱玄同的日记里面也有相类似的文字。所以可以这么说，陈延年、陈乔年五四前后也到了北京。他们在北京和自己的父亲不来往，不符合人之常情，有交集甚至住在一起更合情理。当时，陈独秀收入高了，每月几百大洋加上稿费、杂志社分红、演讲酬金，恐怕上千大洋，完全养得起儿子了。再说，陈独秀的夫人高君曼毕竟是延年、乔年的姨妈，不仅不生分，还是很亲的。延年、乔年也经风雨、见世面受到磨砺了，陈独秀、高君曼不可能再让两个儿子"漂"在外面。那时候，一大家子人聚在一起不仅热闹，也很有面子的。作为儿子，延年、乔年也不会愣是不给父亲这个面子。

所有这些，说明什么？说明他们父子关系并非始终不好。如果关系不好，延年、乔年也不可能从坚定铁杆的无政府主义者转变为共产主义者。延年、乔年是陈独秀花费了很大的心思去培养的。要说陈独秀有封建家长制作风，可信。两个处于叛逆期的儿子有时会受不了父亲的家长制作风，也可信。父亲已经信仰马克思主义，而且坚信只有马克思主义才能救中国，看到儿子坚信无政府主义，他不能不着急。但儿子，尤其是延年个性倔强，信仰问题的转变，谈何容易？为此，陈独秀是费了心思、下了功夫的。最早的一批留法勤工俭学的学生转到莫斯科东方大学的就有他俩。延年、乔年在莫斯科东方大学成为非常坚定的共产主义者。

1927年5月中共五大，那个时候共产党将近六万人，选举中央委员会。陈氏父子三人一同当选为中央委员，总书记陈独秀，政治局候补委员陈延年，中央委员陈乔年。

当然，陈延年、陈乔年和陈独秀在一些问题上有分歧，大革命中，延年、乔年反对陈独秀的某些做法，这个情况是有的，但是说他们父子关系不和，不合逻辑，说他们是一种老死不相往来的仇恨关系，不符合事实。这也是创作《觉醒年代》的基本依据。大家看现在的《觉醒年代》，就是按照这个基本判断，安排父子关系从生疏、隔阂走向和好的故事情节。

（龙平平）

陈延年与虚构的柳眉是什么关系

在电视剧《觉醒年代》中，陈延年是真实存在的历史人物，他的思想生平有迹可循，电视剧中的描写是在真实的基础上进行艺术的整合，而柳眉完全是一个虚构出来的人物，她的一言一行都是编剧根据剧情需要进行的艺术创作，是为了推动故事情节发展而出现的主要人物之一。这部剧的看点之一，在于该剧不仅真实还原了历史，还呈现了丰富多彩的人物性格与命运，实现了历史和艺术的高度统一。

在电视剧中，陈延年和柳眉都数次被问及和对方的关系，比较有代表性的有两次。

一次是陈延年兄弟二人即将从上海去北京法文进修馆进修，柳眉缠着父母，央求跟着一起去北京。柳眉的父母都是上海"有头有脸"的人物，家境殷实，对独生女柳眉宠爱有加。柳母问柳眉，是不是和陈延年在搞"时髦的自由恋爱"？柳眉和母亲解释，他们并没有谈恋爱，她对陈延年很崇拜，还提到了陈延年苦行僧一样的"六不"原则："不闲游、不看戏、不照相、不下馆子、不讲衣着、不谈恋爱"。柳眉还强调说，他们是同学加同志的关系，有共同的理想志向，他们共同信仰克鲁泡特金和托尔斯泰的学说，并有志于实践他们的理论。

　　还有一次是陈独秀和陈延年父子两人面对面的谈话。陈独秀很关心地问儿子，想知道儿子和柳眉是怎样的关系。没想到被陈延年"上了一课"，儿子批评父亲八卦，"大家关心并不奇怪，我以为你不会关心的"，"我原本以为你没有那么世俗"。陈延年高声告诉父亲，"既然你也和他们一样关心这个问题，那我就明确地告诉你，我、柳眉，还有乔年，是一种纯洁高尚的合作互助关系。"他说，他们都推崇克鲁泡特金的无政府主义，正在制定一个自律守则，让全社会所有的人通过自律不断地实现道德的自我完善，所有人要结合成一种超越家庭、恋爱的友爱关系。见父亲仍然不解，陈延年继续解释说，他追求的是人类社会的理想形态下人与人的关系，也就是没有统治、没有政府，只有社会成员在相互平等的基础上的互助、合作、自由发展。陈延年所追求的，不是别人眼里情投意合、郎才女貌、门当户对、天作之合的男欢女爱，而是不谈恋爱的永远的情投意合、纯洁高尚。这种追求，甚至如陈独秀这样站在时代前沿、勇立潮头的"狂狷之徒"，也不甚理解。

　　这两次交流，一次是母女，一次是父子，非常典型地展现了陈延年和柳眉的人物形象，也给观众带来很大的疑惑。陈延年和虚构的柳眉到底是什么关系呢？

　　先说说陈延年和柳眉共同追求的克鲁泡特金和托尔斯泰的学说。克鲁泡特金是俄国地理学家、无政府主义运动的最高精神领袖和理论家，在其著作《互助论》中提出，虽然达尔文主义认为自然界的法则是"适者生存""竞争"，但在动物世界存在另一种重要的法则——合作。动物组成群体更利于生存竞争，在群体中年长的动物更容易生存下来，因此也更能积累经验，相反不会互助合作的动物种类更容易灭亡。托尔斯泰是俄国批判现实主义作家、政治思想家、哲学家，代表作有《战争与

和平》《安娜·卡列尼娜》《复活》等。托尔斯泰的作品中有着乌托邦思想，主要表现为反抗暴力与奴役，反对土地私有制度，反对崇尚资本主义物质文明和"进化论"，要求奉行合法的生活义务和合理的生命法则，回返健康的农耕生活，通过人人的劳动和道德实践建立起充满兄弟情谊，平等、和谐、友爱的属于全人类的人间"天国"。

陈延年兄弟二人在上海生活时期，新文化运动还没有大张旗鼓地展开，思想界各种流派你方唱罢我登场。其中有科学社会主义思潮，也有像"互助主义""泛劳动主义""工读主义""工学主义""合作主义""新村主义"乃至"无政府主义"等多种思潮被挂上社会主义的旗号在中国思想界和社会中广为流传。陈延年出于对父亲陈独秀抛家舍业的鄙视，对他宣扬的马克思主义也嗤之以鼻，立志不谈恋爱，全身心投入救国事业，并转而对无政府主义的思想产生了浓厚的兴趣。另外，陈延年还与国内的无政府主义者吴稚晖等人过从甚密，从而在早期走上了无政府主义的道路。

陈延年和柳眉第一次见面是在震旦学校，柳眉那时还颇有富家女脾气，陈延年自尊、自强、自立，性格坚毅，不遑多让。柳眉不小心泼湿陈延年地摊上卖的杂志，虽愿赔钱却执意不肯道歉，并以违反校规为由将陈延年、陈乔年轰出学校。两个人由于误会差点打架，从此相识。后来陈延年、陈乔年拾金不昧，没想到丢钱的人就是柳文耀家的管家，陈氏兄弟在柳家与柳眉意外重逢，再起冲突。陈延年兄弟不愿接受陈独秀的接济，在街上卖《新青年》杂志挣钱养活自己。陈延年掰开一个面饼与弟弟陈乔年分享时，柳眉找到了他们。她借购买十三本杂志为由，主动找陈延年兄弟道歉，三人尽释前嫌。再后来，他们一起售卖《新青年》杂志，勤工俭学，一起去北京，参加读书会、工读互助社，一起演活报剧《打倒王敬轩》，一起上街发传单。被警察驱散时，陈延年为保护柳眉受伤，他们一起被抓进监狱……

陈延年和柳眉的基本立场就是无政府主义，反对包括政府在内的一切统治和权威，提倡个体之间的自助关系，关注个体的自由和平等。

后来，由吴稚晖向法华教育会推荐，陈延年兄弟俩如愿踏上了赴法勤工俭学的旅途。在陈延年决定去法国留学之际，柳眉与其道别，并将内心深藏已久的情感和盘托出。可将革命事业放在个人感情之上的陈延年拒绝了她，从此两人分道扬镳，再未相见。

（孔昕）

革命理想高于天：陈延年、陈乔年最后的时空转换画面让国人泪奔

在电视剧《觉醒年代》中，我们看到陈延年、陈乔年兄弟俩自小历经磨难，却始终满怀希望，不断追逐理想，最终选择信仰共产主义，立志将暮气沉沉的"老大帝国"改造为朝气蓬勃的"少年中国"，为理想先后英勇捐躯，将自己的青春年华定格在最灿烂的时光。他们的牺牲，也是电视剧最让人泪奔的情节之一。

陈延年为陈独秀长子，陈乔年为陈独秀次子，均出生于安徽安庆。他们读书认真，视野开阔，抱负不凡。1915年，陈独秀在上海创办《新青年》杂志后，把17岁的陈延年和13岁的陈乔年接到上海求学。多年之后，陈延年和陈乔年的侄女陈长璞回忆说："大伯的性格比较内向，又像我的祖母，他不苟言笑。但是，他每每说出来的话，基本上都是经过深思熟虑似的。二伯父生性比较活泼，比如他喜欢唱京剧，而且还会拉京胡，小的时候还喜欢把两个手背在后面，高声朗读诗词。"

陈独秀有自己独特的教育理念，他坚持不让他俩回到家中过平稳、依赖生活，而让他们独立、劳动、吃苦，让兄弟俩勤工俭学，常常吃大

饼、喝自来水，冬无棉衣，夏衣褴褛，面色憔悴。在电视剧中，兄弟二人一出场即在码头当搬运工扛麻包打工挣钱。

虽然生活艰辛，但兄弟俩几乎形影不离，感情非常好，白天一起读书打工，夜间借宿于《新青年》发行所的地板上。艰苦的环境练就了兄弟二人自强的个性。陈独秀的夫人高君曼实在看不下去，几次要求接他们回家住，却被陈独秀一口拒绝。高君曼为此曾向友人哭诉说："不知道的人，还以为是我容不下这两个孩子。可我不仅是他们的继母，还是亲姨母，他们就如同我自己的孩子。可我怎么说都没用。"陈独秀得知后不为所动，还斥道："妇人之仁，徒贼子弟，虽是善意，反生恶果。"当十分疼爱他们的祖母从安徽赶来上海看他们，要给他们帮助时，两兄弟却声言决不依靠任何接济。

兄弟二人不仅在生活上独立自强，在政治观念上也并不盲从。尽管父亲陈独秀是马克思主义在中国的主要传播者之一，但最初对两兄弟吸引力最大的，却是无政府主义思潮。陈延年对巴枯宁、克鲁泡特金等国外无政府主义者的思想产生兴趣，并与吴稚晖等国内无政府主义者交往甚密。

陈独秀希望他们去苏联留学，但他们认为法国才是无政府主义的故乡，便自主决定去法国勤工俭学。这也就有了陈独秀在码头目送兄弟俩携手登船奔赴法国勤工俭学的感人镜头。镜头里，上一秒他们还在繁华的上海滩挥别父亲告别故乡，镜头一转便到了冷峻严酷的刑场；兄弟二人刚刚还满怀救国之志少年意气，下一幕他们却戴着沉重脚镣，走在冰冷的大地之上。他们与父亲在码头挥别，义无反顾地走上了寻找理想的道路；数年后的兄弟二人又与父亲隔空相望，干净的脸上满是伤痕，转身回眸，却露出最灿烂的笑容。

草蛇灰线，伏脉于千里之外。陈延年和陈乔年到达法国后，一面勤

工俭学，一面积极参与无政府主义者的宣传活动，对其父陈独秀宣传马克思主义却是颇不以为然。有一次，留学生陈公培将陈独秀的一封信转交陈延年，信中劝他脱离无政府主义转向马克思主义，陈延年只说"独秀那个人，你别理他"。在巴黎广泛接触了资本主义社会的黑暗，经历了留学生争取回到里昂中法大学的努力失败等事件后，陈延年、陈乔年兄弟彻底看清了无政府主义的欺骗性和反动性。他们先后结识了共产主义者蔡和森、周恩来、赵世炎、王若飞、李维汉等，得到了他们很多的支持和帮助，认清无政府主义不过是"改头换面的资产阶级个人主义"，逐渐认识到只有马克思主义才能救中国。他们先是加入了法国共产党，中共旅法支部成立后，又都在1922年转为中共党员，并按照党的指示，奔赴莫斯科东方大学留学，系统学习马克思主义和俄国革命经验。陈延年终于成为坚定的共产主义战士，被誉为"小列宁"。兜兜转转，陈延年、陈乔年兄弟最终走上了和父亲一样的道路，信仰马克思主义。陈延年、陈乔年兄弟，一旦确立马克思主义信仰，便坚定不移，愿为共产主义奋斗终身，并用鲜血与生命践行了自己的初心。

1924年夏，大革命进入高潮后，中共中央调陈延年回国工作。10月初，他即被派往广东。由于在法国和苏联的学习经历，陈延年有着较高的马列主义理论水平，且早年在社会底层的摔打磨炼，使得他深刻懂得劳动人民的所思所想。陈延年刚到广东时，不会讲广东话，接近工人和农民有不少困难。为了克服语言上的困难，他知难而进，愈加努力地深入工人中去学广东话，同时了解他们的生活和思想。人们也常见他去广州最便宜的"三厘馆"同工人一起吃饭，甚至和黄包车夫一起拉车，边拉车边了解他们的困难和对国民革命的看法。由于陈延年坚持和工人打成一片，工友们亲切地称他为"老陈"。大家得知他曾去法国、苏联留过学，竟不敢相信。

在很短的时间内，他便从社会主义青年团驻粤特派员、广东区委秘书，升至中共广东区委书记。当时的广东是大革命的中心，广东区委管辖广东、广西、香港等地的党组织。到 1927 年 3 月，广东党组织已拥有九千多名党员，是当时全国党员人数最多、组织机构最健全，具有高度凝聚力和战斗力的地方党组织之一。1925 年 6 月，陈延年和邓中夏、苏兆征等人领导了震惊中外的省港大罢工。由于卓有成效的工作，陈延年被誉为"赋有特殊组织才能之人物"，有共产党中的"两广王"之美称。

哥哥南下广东不久，陈乔年也奉命回国，在当时的中共北方区委书记李大钊领导下，任区委组织部长。对陈乔年这个区委领导成员中最年轻的子侄辈，李大钊更是悉心培养和支持他的工作。他在党的五大上被选为中央委员后，留在武汉任中共中央组织部常务副部长，代理李维汉主持中组部工作。

1927 年，上海"四一二"反革命政变后，革命形势急转直下，上海的党组织和革命力量不断遭到破坏。陈延年在危难之际接任中共江浙区委书记，为迅速恢复被摧残的党和工会组织日夜奔忙。面对白色恐怖，陈延年勇挑重担，忘我无私，不避杀身之祸。他也从不讲究吃穿，比一般党员、工农还清苦，是一位革命的"苦行僧"。6 月 26 日，陈延年被捕入狱。敌人为了得到上海中共组织的秘密，对陈延年用尽酷刑，将他折磨得体无完肤，逼迫他供出上海党的组织，但陈延年以钢铁般的意志，严守党的机密，宁死不屈。7 月 4 日晚，陈延年被国民党反动军警押赴刑场。刽子手喝令他跪下，他却高声回应："革命者光明磊落、视死如归，只有站着死，决不跪下！"几个执刑士兵用暴力将其按下，松手挥刀时，陈延年竟一跃而起，这一刀未砍着颈项，刽子手也差点吓得摔倒。最后，他竟被刽子手们按在地上以乱刀残忍地杀害，29 岁的陈延年在龙华刑场英勇就义。

剧中人物柳文耀曾说："人的价值不是用寿命计算的。我跟你打个赌，百年之后，如果有人要评选一百位国家的英雄，陈延年必在其中。"2009 年 9 月，陈延年被评选为"一百位为新中国成立做出突出贡献的英雄模范人物"。

陈延年牺牲后，1927 年八七会议上，陈乔年说："我的父亲陈独秀同志执行的错误路线导致的后果是严重的，不仅使大革命失败、党受挫折，而且也使我哥哥延年和李大钊、赵世炎等一批共产党人惨遭敌人杀害，这是血的教训。对国民党反动派只有作坚决的斗争，不能存在任何幻想。"他继承长兄遗志，来到上海，担任中共江苏省委组织部长。他秘密地深入工厂、农村、机关和学校，联络同志，恢复和重建党的基层组织。

1928 年 2 月，陈乔年等江苏省委机关的负责同志被捕。敌人决定杀害陈乔年时，同志们难过地同乔年告别，他却乐观地对大家说："让我们的子孙后代享受前人披荆斩棘的幸福吧！"世界上真正的勇敢无畏，就是明知道牺牲，还依然坚定向前。6 月 6 日，陈乔年慷慨就义，年仅26 岁。距哥哥陈延年就义时间只相隔一年。他们的就义处都是上海龙华塔下的枫林桥畔。这两位党早期的重要领导人，也是同胞兄弟的鲜血，最后流到了一起。

陈延年、陈乔年兄弟二人用生命撕破黑暗，书写了一曲为共产主义壮烈牺牲的浪漫悲歌。岁月依旧，山河峥嵘，如今，我们的幸福生活，是对兄弟二人革命理想高于天的最好告慰。

（孔昕）

共产党初心的最好诠释：李大钊、陈独秀面对难民庄严宣誓建党

1920 年 2 月，农历腊月二十三日，似乎比往年的冬天更冷一些。在即将迎来农历新年的时刻，似乎只有富贵人家才能生出笑脸，说些过年好之类的吉祥话。一辆马车在天津的海河畔疾驰，车内的两个"白面书生"在谈论着困扰他们许久的问题。

年长一些的人神色严肃，说："你想过没有，我们的目标是什么？我们为什么要抛妇别雏、抛家舍业、东躲西藏，甚至要丢掉身家性命，我们到底在追求什么？"

留着胡子的男人显然更年轻一些，他回忆起好朋友对他们热衷学生爱国运动的不理解，禁不住轻声叹道："是啊，仲甫兄，我们到底想干什么？你搞明白了吗？"

两个寻路人在苦闷中思索，在探寻中前行，他们开始看到了前方的光。两人越聊越兴奋，胡子男挥舞着拳头，音调明显高了起来："组织，我们必须有一个能够凝聚力量的领导核心。仲甫兄，我觉得我们应该把这件事情提上议程了。"

　　这两个人，年长者为陈独秀，留胡子的是李大钊，他们所要创立的组织，就是中国共产党。一个改变了中国面貌的伟大政党，一个距今百年却依然风华正茂的党组织。他们这样的"人中吕布、马中赤兔"，为什么要不惜连累妻儿老小，不顾朋友的苦苦相劝，执意要建立这样一个政党呢？他们发起建党的初心是什么？

　　李大钊与陈独秀结识于日本东京。1914年11月，在日本留学的陈独秀首次用"独秀"署名在《甲寅》杂志发表了一篇表达一种悲观情绪的《爱国心与自觉心》。李大钊读后，写出《厌世心与自觉心》，对他的文章表达的观点进行了一针见血的批评。就此，两人"不打不相识"。

　　在新文化运动和五四运动中，李大钊与陈独秀联手推动了运动的兴起和发展。当时，广为流传着这样的歌谣："北大红楼两巨人，纷传北李与南陈。孤松独秀如椽笔，日月双悬照古今。""北李南陈，两大星辰；漫漫黑夜，吾辈仰承。"在运动深入进行后，他们同社会各阶层尤其是工人阶级有了更广泛更直接的接触，从而共同意识到，除了传播思想、进行文学革命外，还需要行动起来，一起寻找中国革命"根本解决"的办法，大力改变中国国贫民弱的局面。

　　1919年6月11日晚，陈独秀散发《北京市民宣言》传单时被捕，住处也被连夜查抄，引起全国震惊。陈独秀出狱后，思想发生很大变化，他不仅在参加欧美同学会成立周年纪念会致辞时高度评价五四运动，而且拒绝蔡元培请他接任去世的刘师培主编《中国通史》的邀请，决定专心从事社会运动。在此期间，陈独秀从《新青年》上读到李大钊悉心撰写的《我的马克思主义观》，认识到"中国必须走俄国革命的道路"，下定决心与李大钊共同寻找中国革命的"根本解决"办法。他认为，社会改造的方法：一是"打破阶级的制度，实行平民社会主义"；二是"打破继承制度，实行共同劳动工作"；三是"打破遗产制度，不使田地归私人传留享有，应归为社会的共产"，人们应有的共同信仰是"平等、劳动"。

因此，在那个寒冬，已经成为马克思主义者的李大钊与陈独秀，看到了海河岸边成千上万的灾民在寒风中瑟瑟发抖，甚至卖儿卖女的凄惨景象。李大钊和陈独秀虽然是书斋里的学者、大学里的教授，但都出身贫寒，并非不知道人间疾苦。他们经历了各种坎坷，可眼前的一切仍然让两人震撼得目瞪口呆。

"为这样的国家去死，是冤大头。你看看这河堤上，这么多年了，一年365天，哪一天不是满满当当的灾民，哪一天不要死上几个人。我看你们两个也是白面书生，我问你们，这样的国家，还能有救吗？"听着灾民对反动政府的控诉，陈独秀终于忍受不住掩面而泣。

陈独秀通过五四运动及其后自己的遭遇，深感中国有必要建立一个工人阶级的政党。他的目光从以青年学生为主转向以工农大众为主，从对思想文化的研究和传播转向建党的实际运动。建立一个什么样的政党？在电视剧中，陈独秀坚定地说："一个用马克思学说武装起来的先进政党，一个能把中国引向光明，让中国人能够过上好日子的无产阶级政党。"为什么建立这样的一个政党？陈独秀没有丝毫犹豫："不为别的，我为了他们。为了他们能够像人一样地活着，为了让他们能够拥有人的权利、人的快乐、人的尊严。"他们面对着灾民，面对着积贫积弱的中华民族，举起了拳头，庄严宣誓。

李大钊：为了让你们不再流离失所。

陈独秀：为了让中国的老百姓过上富裕幸福的生活。

李大钊：为了穷人不再受欺负，人人都能当家作主。

陈独秀：为了人人都能受教育，少有所教老有所依。

李大钊：为了中华民富国强。

陈独秀：为了民族再造复兴。

李大钊：我愿意奋斗终身！

陈独秀：我愿意奋斗终身！

两人约定，分别在北京和上海等地筹建党的组织。史称"南陈北李，相约建党"。

此时的陈独秀、李大钊，已经是北京大学教授，有一定社会地位，收入颇丰，陈独秀月薪三百大洋，此外还有办杂志分红和撰写稿件稿费、编辑杂志劳务费。李大钊月薪一百二十大洋。而当时的毛泽东，做北大图书馆助理员，月薪八元；同时的上海纺织女工，月薪三元，可以勉强养六口之家。那么比较起来，说陈独秀、李大钊拿高薪，一点也不过分。他们已经不像电视剧一开始展现的那样清贫和拮据了，说他们是"中产"，也不算夸张。他们筹建共产党，不是为了谋求改善自己生活境遇、提高自己的生活水平，而是有更宽广的视野与情怀。正如电视剧中作为陈独秀、李大钊好朋友的胡适向陈、李发问：二位好不容易从穷困潦倒走到现在，如今呢，也算是"人中吕布、马中赤兔"了，可是为什么非要自毁前程，甚至不惜连累妻儿老小，我真的不明白你们在干什么？李大钊的回答是："适之，你这个问题问得好。你问我到底想干什么，那么我告诉你，人不能为自己而活着。你去津浦线上看看饿殍千里的难民，你去长辛店看看那些破烂不堪的工棚，你去前门大街看看那些沿街乞讨的乞丐，难道我们不该为他们做些什么吗？难道你要我们都像你一样只为自己的光鲜活着吗？陈独秀出狱后，主编第一部《中国通史》的刘师培病逝，蔡元培委托陈独秀接替刘师培主编通史。成为"中国通史"之父，这是多大的名利诱惑？陈独秀说，现实比历史更重要，他已经下定决心，当"职业革命家"。他的论敌黄侃跟他送别时，也对他放着大通史不编、放着好好的教授不做，表示极大遗憾和不理解。其实，陈独秀的心思，早已披露。他曾说："面对国将不国、人民穷困潦倒、在死亡线上挣扎的局面，无动于衷，只顾自己光鲜地活着，到了晚年，儿孙问起当年我们干什么呢，我们将无法回答。我们得为国家、为民众，'做点什么'。"这就是使命担当精神。一代人有一代人的使命，一代人得担当起一代人的使命。南陈北李，为了国家、为了民族、为了人民，创建了中国共产党。

二十九年后，中华人民共和国成立，中国人民从此站起来了。九十七年后，中国共产党总书记习近平在党的十九大报告中指出："中国共产党人的初心和使命，就是为中国人民谋幸福，为中华民族谋复兴。"李大钊和陈独秀面对难民的誓言，是对中国共产党初心的最好诠释。

（孔昕）

到底是谁让陈望道翻译《共产党宣言》的

在电视剧《觉醒年代》中，陈独秀把从北京带来的李大钊搜集到的《共产党宣言》英文文本交请青年才俊陈望道翻译成中文本。陈望道回到浙江老家，躲进柴房里，不分昼夜地翻译书稿，终于完成《共产党宣言》全译本，把它交到陈独秀手上。陈独秀接过翻译稿，忙不迭地说："太好了，太好了。我一定抓紧校阅，尽快出版。望道，你可是为中国革命立了一件大功，历史会记住你的。"

正如陈独秀所言，翻译《共产党宣言》是马克思主义在中国传播史上的一件里程碑意义的大事。陈望道作为《共产党宣言》第一个中文全译本的翻译者已载入史册，为马克思主义在中国的传播和实践作出了不可磨灭的贡献。

也有人说，不是陈独秀直接把外文《共产党宣言》交给陈望道，请陈望道翻译成中文的，而是戴季陶还是邵力子或其他什么人交给陈望道翻译的，那么，究竟是谁让陈望道翻译《共产党宣言》的呢？

《共产党宣言》是科学社会主义的第一部著作，也是伟大的纲领性文献，承载着无产阶级和全世界所有劳苦大众的梦想和追求。它是国际共产主义运动的科学行动指南，也是共产主义者的入门读物。1917年，十月革命一声炮响，给中国送来了马克思列宁主义。十月革命的成功使处于迷茫中的中国先进分子看到了曙光，他们急需更深刻全面地了解和掌握马克思主义，《共产党宣言》这本马克思主义经典著作，自然成为"必读书目"。

事实上，在那个新文化运动蓬勃发展的时期，梁启超、李大钊、张闻天等都曾在文章中摘译、引用过《共产党宣言》片段，但一直没有进行全文的翻译。全文翻译《共产党宣言》，是当时不少先进知识分子急盼之事。

要完成《共产党宣言》的翻译，起码得具备三个条件：一是对马克思主义有深入的了解；二是至少得精通德、英、日三门外语中的一门；三是要有较高的汉语言文学素养。而早在留学日本期间，陈望道就开始接触马克思主义，认识了日本早期社会主义者河上肇、山川均等人，逐渐了解、熟悉并接受马克思主义。从日本回国后，经受五四新文化运动的洗礼，他进一步认识到"不进行制度的根本变革，一切改良措施都是徒劳无益的"。此外，深厚的英语和日语功底以及良好的汉语言文学素养，更使陈望道成为翻译《共产党宣言》的不二人选。

陈望道后来回忆说："我在'五四'那一年被浙江第一师范学校邀去教中国语文课，和夏丏尊、刘大白、李次九三人一起提倡白话文，搞新文化运动，不久就有人把我们四人称为'四大金刚'。教不到四五个月，学校就被查办了……这次查办斗争使我更加认识所谓'除旧布新'并不是不推自倒、不招自来的轻而易举的事情。我也就在这次事件的锻炼和启发之下，在事件结束之后，回到我的故乡浙江义乌分水塘村去，进修马克思主义，并且试译《共产党宣言》。"经历了轰动全国的"一师风潮"，陈望道开始为当时先进知识分子群体所关注。

　　此时，陈独秀、李大钊筹划将《共产党宣言》尽快译成中文，以便于马克思主义思想在中国的传播。1919年6月，《星期评论》在上海创刊，这本刊物在当时以研究和介绍社会主义而获盛名，编辑部很快将翻译《共产党宣言》全文提上日程。讨论人选时，邵力子推荐了时年29岁的同乡陈望道。他说："能承担此任者，非杭州的陈望道莫属。"

　　很快，陈望道收到邵力子发来的《星期评论》请其翻译《共产党宣言》的约稿信和一本日文版的《共产党宣言》。陈望道欣然应允。同时，陈独秀向陈望道提供了英文版的《共产党宣言》。

　　为了专心致志完成这个任务，1920年2月，陈望道特地回到家乡义乌分水塘村，开始心无旁骛地潜心翻译《共产党宣言》。本来就对社会主义十分憧憬、对马克思主义充满敬仰的陈望道，聚精会神地研读《共产党宣言》，字斟句酌地翻译每一句话。看他如此辛苦地工作，母亲十分心疼，给他送来粽子和红糖。母亲在外面喊着说："你吃粽子要加红糖水，吃了吗？"他说："吃了吃了，甜极了。"结果母亲进门一看，陈望道埋头奋笔疾书，嘴上全是黑墨水。但是他浑然不觉，真可谓"真理的味道非常甜"。陈望道在极其艰难困苦的条件下，终于在4月下旬"费了平常译书五倍的功夫，才把全文译了出来"。

　　5月，陈望道携带译稿赴沪，不料上海当局对《星期评论》实施邮检，造成该刊停办，使得在该刊连载《共产党宣言》的计划无法兑现。于是，他委托俞秀松将《共产党宣言》全译文交陈独秀校阅。正在这时，共产国际代表维经斯基来到上海，得知陈望道翻译的中文版《共产党宣言》已完成但出版经费困难，便当即表示愿意资助出版。为此，上海的共产党早期组织在辣斐德路（今复兴中路）成裕里12号秘密建立了一个取名"又新"的小型印刷所，承印此书。8月，经多方努力，《共产党宣言》中文全译本出版。这是国内第一个公开正式出版的《共产党宣言》全译本。陈望道的这一译本在上海一经问世，就风行起来，受到工人阶级和先进知识分子的热烈欢迎。初版的一千册，很快售罄；次月重印的一千册，也很快被抢购一空。北伐战争中，曾有一个时期在军中散发此书，人手一册，其影响力可见一斑。此后，《共产党宣言》经过多次重印，到1926年5月已经是第17版了。

陈望道翻译《共产党宣言》时，正值中国共产党筹建时期，全国各地的共产党早期组织纷纷成立。从此，这本不到三万字的小册子，成为中国共产党确立革命信仰的思想起点。它让无数中国仁人志士看到了中国的希望，并志愿加入共产党队伍里来。1936年10月，毛泽东在与美国记者斯诺的谈话中说："我第二次到北京期间，读了许多关于俄国所发生的事情的文章。我热切地搜寻当时所能找到的极少数共产主义文献的中文本。有三本书特别深刻地铭记在我的心中，使我树立起对马克思主义的信仰。我接受马克思主义，认为它是对历史的正确解释，以后，就一直没有动摇过。"这三本书就包括《共产党宣言》。周恩来在新中国成立后也曾对陈望道说："我们都是你教育出来的。"

（孔昕）

与维经斯基会面，陈独秀"留一手"

1920 年 3 月，共产国际批准建立俄共（布）中央远东局。4 月，时年 27 岁的维经斯基受派遣来华，其任务是了解中国社会的政治形势，与中国革命者建立直接的联系，并在条件成熟的情况下研讨中国建党问题。他先是在北京拜会了李大钊，在李大钊的介绍下，又去上海拜见陈独秀。在电视剧《觉醒年代》中，两人在上海春风得意楼第一次见面，陈独秀"留一手"，两次拒绝了维经斯基的拥抱，改为握手，还特意谈到了自己对中国传统文化的观点，使得维经斯基略显尴尬。

茶博士进来倒茶，一套复杂的工序把第一次来到中国的维经斯基镇住了。他连连朝着陈独秀竖起大拇指："中国的文化太神奇了。"

陈独秀："我泱泱中华有五千年文明，你今天看到的不过是冰山一角。"

维经斯基："我听说陈教授并不喜欢中国的传统文化。"

陈独秀："那是讹传。我 6 岁起就跟着祖父熟读四书五经，18 岁中得院试第一名秀才，自信一点地说，我对中国的文化传统早就烂熟于心，挥之不去。"

……

维经斯基兴奋地站起来再次张开双臂："陈独秀同志，我非常希望能够热烈地拥抱你。"

陈独秀也站起来再次抱拳："很抱歉，维经斯基同志，拥抱在中国的传统中叫合体。即将成立的中国党和俄国党可以结盟，但不可以合体。中国文化有一个传统，亲兄弟明算账，你是你，我是我，到哪天都不能把自己给搞没有了。所以，我看我们还是握手吧。"

在维经斯基来华之前，"南陈北李，相约建党"，而维经斯基的到来，给予了中共建党大业以不可或缺的外部帮助和经济支持，并使之成为现实。

维经斯基一行到达北京后，受到了李大钊的热情接待。经李大钊推介，维经斯基参加了北京马克思学说研究会的活动，同许多进步知识分子有了广泛直接的交流接触。马克思学说研究会成员罗章龙回忆说："我们同维经斯基见面的谈话会，是在图书馆举行的。会上，他首先介绍了十月革命。他还带来了一些书刊，如《国际》《震撼世界十日记》等。后者是美国记者介绍十月革命的英文书。他为了便利不懂俄文的人也能看，所带的书，除俄文版外，还有英文、德文版本。"

维经斯基感到，追求进步、追求真理、向往苏俄，探求民族解放和国家振兴，已经成了中国青年知识分子的一种思想潮流。李大钊、陈独秀在这些青年中有很高威望，而李、陈二人是力主走苏俄革命道路的。经过与李大钊多次会谈，维经斯基认为，中国已具备建立共产党的条件，表示要帮助建立中国共产党。李大钊于是介绍维经斯基到上海同陈独秀会谈。李大钊还写了一封信，让维经斯基带上去见陈独秀。李大钊在信中直白地介绍了维经斯基此行的目的，是要联络中国共产主义运动的领袖人物。

5月，维经斯基来到上海，公开身份是俄文《上海生活报》记者。

维经斯基在上海的所有工作，都围绕帮助陈独秀等人筹建中国共产党而进行。上海共产党早期组织的成员袁振英曾回忆道："维经斯基到中国后，宣传共产主义，宣传组织共产党"，还"常到这里（即新青年杂志社，也就是陈独秀寓所）同陈独秀密商组织共产党问题"。

这次会面的情况，在电视剧中颇具戏剧化，一方是苏俄派来的使者，积极热心地拥抱中国同志，另一方是中国先进知识分子的代表，热情礼貌又不失分寸，和来自十月革命家乡的同志以握手礼表达自己的态度。在两人的谈话中，陈独秀特意提到自己并非如外界传言所说对于传统文化的一概厌弃，甚至说起自己"中秀才"的历史，强调"对中国的文化传统早就烂熟于心，挥之不去"。陈独秀说的这些，看起来似乎和维经斯基会面的主题并没有直接联系，但其实清楚明白地表达了自己对于马克思主义和中国革命问题的认知，即一方面要学习先进的马克思主义以改造中国，走苏俄式的革命道路，另一方面也要根据中国的实际国情，保持中国传统文化的底色，坚持中国革命的独立自主性，"中国革命要靠中国人自己干"，也就是"即将成立的中国党和俄国党可以结盟，但不可以合体"。

不过这次见面，维经斯基对陈独秀的印象不错，他随即写信给共产国际和俄国共产党，介绍了陈独秀。在沪期间，维经斯基还向陈独秀等人介绍了共产国际和俄共（布）的情况，并就中国革命问题交换了意见，他们一致认为中国共产党的创建条件已经成熟。

在陈独秀的领导与策划下，1920年8月，上海共产党的早期组织在《新青年》编辑部正式成立。这是中国大地上出现的第一个共产党组织。它以马克思主义为指导起草了具有党纲、党章性质的若干条文，确定中国无产阶级政党必须采用劳工专政（或劳农专政）、生产合作等手段达到社会革命的目的。中国共产党最早的党员之一施存统回忆说："当时，第三国际代表维经斯基在上海，主张成立共产党。"

上海共产党的早期组织成立后，其成员除了积极发函给武汉、长沙、济南等地的共产主义者外，还通过派人指导和具体组织等方式积极推动武汉、长沙、济南等地成立共产党早期组织。到 1921 年春，在维经斯基和陈独秀、李大钊等中国早期马克思主义者的共同努力下，上海、北京、武汉、长沙、济南、广州相继成立了中国共产党的早期组织，为中国共产党第一次全国代表大会召开奠定了基础。中共一大代表李达回忆说："维经斯基来中国的主要的任务是联系……在中国看了看，说中国可以组织共产党，于是陈独秀、李汉俊、陈望道等人就筹备组织共产党。"

1921 年初，维经斯基回国任职。经过北京时，他建议中国同志："极希望中国的共产主义者和他们所建立起来的各地的雏形组织能够从速联合起来，举行第一次全国共产党代表大会，正式成立中国共产党，并迅速加入共产国际，成为它的一个支部。"他十分圆满地完成了俄共（布）中央远东局交给他的使命，"同中国的革命组织建立联系"，"组织正式的中国共产党及青年团"。

（孔昕）

中国共产党第一个党组织与《新青年》的新使命

在电视剧《觉醒年代》中，1920 年 8 月，上海《新青年》编辑部被打扫得干干净净。五个人庄严地站在一起。陈独秀走到前面，举起右手，攥成拳头，带领大家宣誓：

> 同志们，从今天起，中国的工人阶级有了自己的先锋队组织，我们的名字叫中国共产党。现在我们宣誓：陈独秀、李汉俊、俞秀松、施存统、陈公培，自愿加入中国共产党，决心为共产主义奋斗终身。

一个月后，还是在《新青年》编辑部，陈独秀和陈望道、李达、李汉俊、沈雁冰等开会。陈独秀把新设计出来的《新青年》封面放到桌上，兴奋地对大家说："宣布几个事情：第一，《新青年》从第八期起，实际上就是我们中国共产党的机关刊物了，不再实行由北京和上海的同人轮流编辑的制度，由我和陈望道、李达、李汉俊、沈雁冰等负责编辑工作；

第二，《新青年》增加'马克思主义研究'和'俄罗斯研究'两个重点栏目，同时继续肩负着宣传新思想新文化的重要任务；第三，本期起，由编辑部同人自行组织新青年社，直接办理编辑部印刷发行一切事务，正式同群益书社脱离关系。在上海法租界法大马路279号设立总经售处，并将在全国四十三个地区设立九十四个代派处。"

中国共产党第一个早期组织在《新青年》编辑部正式成立。从此，《新青年》肩负起了新使命，成为中国共产党的早期机关刊物。《新青年》如何成为中国共产党的早期机关刊物的呢？

1915年6月中旬，陈独秀从日本回国来到上海后，发现国内正弥漫着尊孔复古的陈腐的封建思想，国民思想僵化。陈独秀认识到必须进行思想革命、文学革命，才能唤醒国人，改造社会。于是，他想到办杂志这个办法。他说："欲使共和名利其实，必须改变人的思想，须办杂志"，声言"让我办十年杂志，全国思想会为之改观"。9月15日，《青年杂志》由陈独秀创刊于上海，自第二期开始改名为《新青年》。《新青年》由陈独秀主编，上海群益书社发行。

1917年初，陈独秀接受北京大学校长蔡元培的邀请，担任北京大学文科学长，《新青年》编辑部也随之北迁。次年1月，在陈独秀、胡适、钱玄同和刘半农的努力下，《新青年》从第四卷第一号开始改为北大同事轮流编辑的同人刊物。

十月革命后，《新青年》连续发表三十多篇译稿和文章，介绍苏俄和共产国际的革命运动情况和建党经验，以及列宁的生平和著作等，让民众了解共产党的性质、纲领和组织原则。

《新青年》影响了一代人，叶挺、朱德、周恩来、瞿秋白等人都感触颇深，17岁的罗亦农因《新青年》特意跑到上海找陈独秀。受过《新青年》所带动的新文化运动洗礼的青年，在新思想、新观念的指引下，

开始行动起来。1919 年五四运动爆发，标志着无产阶级领导的新民主主义革命的开始。五四运动促进了革命知识分子与工人阶级的结合，促进了马列主义与工人运动的结合。《新青年》第六卷第五号成为马克思主义研究专号，发表了一系列介绍马克思主义的文章，尤其是李大钊的《我的马克思主义观》，堪称中国比较系统地介绍、分析马克思学说的开山之作。五四运动后，《新青年》开始由主要宣传民主与科学转变为传播马克思主义，成为传播新思想和马克思主义的主要阵地。

1920 年 2 月，陈独秀离开北京，回到上海。胡适在晚年回忆说："在上海陈氏又碰到一批搞政治的朋友——那一批后来中国共产党的发起人。"胡适所说这批"搞政治的朋友"，就是李汉俊、俞秀松、施存统、陈望道、沈雁冰、邵力子等。《新青年》从第六卷起改由陈独秀等人组成的编辑委员会轮流编辑，并由北京移至上海出版。陈独秀后来给北京同人李大钊、胡适等人的信中，也提出《新青年》"编辑事务已请陈望道先生办理，另外新加入编辑部者，为沈雁冰、李达、李汉俊三人"。这四人都是中共上海发起组成员。陈望道回忆说："大家住得很近（都在法租界），经常在一起，反复地谈，越谈越觉得有组织中国共产党的必要。"因此，中国共产党早期组织在《新青年》编辑部宣告成立，《新青年》杂志成为中国共产党早期机关刊物便顺理成章。

上海共产党早期组织成立后，实际上成为各地建党活动的联络中心，起着中国共产党发起组的重要作用。为了开展宣传工作，亟须有一份机关刊物。李达回忆说："当时党的上海小组的工作分两部分：一是宣传工作，一是工运工作。宣传方面，决定把《新青年》作为公开宣传的机关刊物，从第八卷第一号开始。另行出版《共产党》月刊（报纸十六开本，约三十二面），作为秘密宣传刊物。"《新青年》的改版筹备，仅用了一个月，从 1920 年 9 月 1 日出版的第八卷第一号起，它实现了一次新的跨跃，成为上海共产党早期组织机关刊物，仍为月刊，由陈独秀主编；该期封面正中有地球图案，从东西两半球伸出两只强劲有力的手紧紧相握。沈雁冰曾回忆说，这一设计"暗示中国人民与十月革命后的苏维埃俄罗斯必须紧紧团结，也暗示全世界无产阶级团结起来"。

《新青年》成为党的早期组织机关刊物后，政治特色鲜明，文章主题集中，大批学生和青年工人争相抢购，他们成为早期党刊引领的两大主要受众群体，其中的许多先进分子后来投身于革命事业。值得一提的是，中国共产党早期领导人瞿秋白在《新青年》发表了自己翻译的《国际歌》。这是《国际歌》首次在我国公开发表，他对"International"的音译、歌词的意译、法文原稿情况等作出说明，并希望"内行的新音乐家，矫正译者的误点，令中国受压迫的劳动平民也能和世界的无产阶级得以'同声相应'"。

《新青年》几经变化，1926年最终停刊。至1936年《新青年》还在被重印。从文化先锋到革命罗针的《新青年》，影响深远，承担起系统性地宣传马克思主义基本理论的重任。

（孔昕）

毛泽东、周恩来何时入党

在电视剧《觉醒年代》中，青年毛泽东和青年周恩来的戏份虽然不多，但都有着沉甸甸的重量。两位伟人在青年时代具有那个时代许多有志青年共有的朝气、激情和远大的理想，也面临着同样的迷茫与困惑，于是他们苦苦探索，艰难寻路。不约而同地，他们都在青年时期看到了《新青年》，打开了眼界，开始循着新文化运动的思路探索。最终，他们走上了信仰马克思主义的道路。那么，毛泽东和周恩来，又分别是在什么时候加入中国共产党的呢？

咱们先说说毛泽东的入党时间。在新中国成立后召开的中国共产党第八次全国代表大会上，毛泽东亲自填写了八大代表登记表。在登记表的"入党时间"一栏，毛泽东写的是 1920 年。按照长期以来的说法，中国共产党 1921 年成立，为何毛泽东 1920 年就入党了呢？

1920 年 3 月，李大钊就在北京大学组织了马克思学说研究会，这是中国最早成立的学习和研究马克思主义的团体。5 月，陈独秀在上海发起马克思主义研究会；8 月，上海党的早期组织成立，党组织名称就叫"中国共产党"，陈独秀任书记。在上海成立的党的早期组织实际上起到了中国共产党发起组的作用，是各地共产主义者进行建党活动的联络中心，为后来召开党的全国代表大会、建立全国统一的共产党奠定了基础。

就在党的早期组织创建过程中，毛泽东开始与中国早期的马克思主义者有了联系，逐步加深了对马克思主义的认识。早在 1918 年，毛泽东、蔡和森等人发起成立了新民学会，这是中国共产党成立前后最有影响力的革命团体之一。1920 年 5 月，毛泽东来到上海，多次拜访陈独秀，两人讨论了马克思主义和湖南改造等问题，这是他思想发生重大转变的时期。毛泽东后来回忆，陈独秀谈自己信仰的那些话，在他一生中可能是关键性的那个时期，对他产生了深刻的印象。"我一旦接受了马克思主义对历史的正确解释以后，我对马克思主义的信仰就没有动摇过……到了 1920 年夏天，在理论上，而且在某种程度的行动上，我已成为一个马克思主义者了，而且从此我也认为自己是一个马克思主义者了。"

1920 年 11 月，毛泽东收到陈独秀、李达的来信，接受他们关于在长沙建立党组织的正式委托。毛泽东经过慎重考虑，与何叔衡、彭璜等六人在建党文件上签了名，创建了长沙共产党早期组织。至此，毛泽东在思想上和行动上都已成为一个坚定的马克思主义者，组织上也应该视为加入了中国共产党。关于自己的入党经历，毛泽东在 1945 年回忆这一段建党活动时说："苏联共产党是由马克思主义的小组发展成为领导苏维埃联邦的党。我们也是由小组到建立党，经过根据地发展到全国，现在还是在根据地，还没有到全国。我们开始的时候，也是很小的小组。这次大会发给我一张表，其中一项要填何人介绍入党。我说我没有介绍人。我们那时候就是自己搞的，知道的事也并不多，可谓年幼无知，不知世事。"毛泽东作为党的重要创始人，将自己创建长沙党的早期组织

时间认定为入党时间，是合理的。

这就是说，在 1921 年 7 月 23 日中国共产党第一次全国代表大会召开之前，中国共产党早期组织在上海、北京、武汉、长沙、济南、广州以及赴日、旅欧留学生中相继成立。在这些组织中的五十多名早期共产党员，其中有不少是 1920 年入党的，毛泽东就是其中的一位。所以，作为中国共产党创始人之一的毛泽东，他的入党时间是 1920 年。

同样，周恩来也是旅法共产党早期组织的重要成员，他在中国共产党第七次全国代表大会前夕，填写的登记表上写的是 1922 年夏，经中共中央批准为中共党员。这里，周恩来未说入党的时间，只说中央批准是在 1922 年夏。那么，周恩来是何时加入中国共产党的呢？

1920 年底，周恩来到欧洲后，接触到包括马克思主义在内的各种不同的思潮、学说，"对于一切主义开始推求比较"。他在日本求学时就接触到马克思主义，以后经过五四风暴的洗礼和半年狱中的沉思，经过反复地学习和思索，很快就抛弃了一度有过兴趣的费边主义，最终确立了坚定的共产主义信念。

这时中国共产党已在国内筹建，各地共产党发起组相继建立。

在剧中，有这样一段对话：

张申府："北京支部成立以后，重点抓了到'民间去'这个主题，推动平民教育和工人夜校的发展。支部以长辛店为试点，积极筹备工会组织，守常同志亲自抓，成效显著。北京大学内部分裂很严重，但我们的基本力量已经形成。各进步团体的联合日趋密切。"

陈独秀："这些情况我都知道，有守常领衔，北京那边不会有什么大的问题。崧年，我想和你谈谈你去法国的事情。你这次到法国，肩负着一个特殊的使命，就是迅速组建法国党组织。赵世炎去的时候，我就交待给他这个任务，后来陈公培也去了。他们两个都是我们上海小组最早的党员。还有蔡和森，我也经常去信和他商讨法国建党这件事情。现在，天津的周恩来也去了。应该说，勤工俭学队伍中已经有了非常好的建党的基础，所以，这次你去中法大学任教，我要交给你一个特别的使命，尽快建立中国共产党的欧洲小组。你记住，勤工俭学的这批精英，将来必定是中国共产党领导层中的中坚力量。你有没有信心完成好这个任务？"

张申府："先生放心，我一定不辱使命！"

可以看出，陈独秀将在欧洲建立中国共产党的任务交到了张申府手中，并特别提到，"天津的周恩来也去了"。在法国，张申府积极发展成立共产党小组。他和妻子刘清扬与周恩来经常会面，他们一起畅谈未来，对各种主义问题进行热烈的讨论。

1921年初，在张申府、刘清扬的介绍下，周恩来加入了中国共产党。张申府后来回忆说："去法国后，因与刘清扬的关系，我与周恩来经常来往，彼此更加熟悉。1921年二三月间，我先介绍刘清扬加入中国共产党，接着，我和刘清扬又介绍周恩来入党。"他还说："在此前后，通过国内关系入党的赵世炎、陈公培又和我建立了联系……我们五人就在巴黎成立了共产党小组。"

（孔昕）

石库门、红楼与红船一脉相连

罗马不是一天建成的，中国共产党不是一个早上从天上掉下来的，不能把中国共产党的成立，定在一个时间和空间节点上，她是在具备了各种条件以后而产生的。

1915年陈独秀在上海石库门老房子里创办《青年杂志》，以民主与科学为两面大旗，发起了新文化运动。这在当时的中国，在迷茫彷徨的年轻人中真是一声惊雷，惊醒了无数探寻中国出路的青年，使他们的思想获得空前大解放，产生出新的向往和追求。

蔡元培担任北京大学校长，改革死气沉沉的北大，兼容并包，吸纳一批新文化运动积极分子加入北大。陈独秀受聘担任北大文科学长，把《新青年》搬到北大，实行同人编辑新机制，聚拢了鼓吹新文化的群星。北京大学成为新文化运动的中心。

新文化运动为新思想传播创造了条件。巴黎和会中国外交失败，爱国学生走上街头，五四爱国运动爆发。五四爱国运动，进一步解放了中国知识分子尤其是青年人的思想并锻炼了人才。五四爱国运动以北京为中心，以红楼为心脏。

习近平总书记在视察北京大学时曾指出："中国共产党的主要创始人和一些早期著名活动家，正是在北大工作或学习期间开始阅读马克思主义著作、传播马克思主义的，并推动了中国共产党的建立。这是北大的骄傲，也是北大的光荣。"

十月革命一声炮响，给中国送来了马克思列宁主义。中国先进分子找到了拯救民族危亡的光明前景。早在 19 世纪末 20 世纪初，马克思主义学说便已被介绍到中国，但这种介绍是零星的、片面的和不成熟的，存在着不少误解和歪曲。以北京大学教授李大钊、陈独秀为代表的先进知识分子，以《新青年》《每周评论》等进步刊物作为载体，广泛传播马克思主义基本理论。1919 年 5 月，李大钊把《新青年》第六卷第五号编辑为"马克思研究"专刊，发表许多反映苏俄革命成功经验和社会主义建设概况的文章，尤其是他亲自撰写《我的马克思主义观》长文，比较详细地介绍了马克思的唯物史观、政治经济学、科学社会主义基本观点，成为系统传播马克思主义的标志。同年 5 月 5 日是马克思诞辰一百零一周年，北京《晨报》副刊在李大钊指导下开辟了"马克思研究"专栏，刊载马克思的原著或主要观点，一直坚持到 11 月 11 日，前后达六个月之久。

1920 年起，李大钊在北京大学史学系、经济系、法律系和政治系先后开设了"唯物史观""工人的国际运动与社会主义的将来""社会主义与社会运动"等马克思主义理论课，在中国大学中第一次把马克思主义理论正式列入课程，公开讲授。

北京大学逐渐成为马克思主义在中国传播的主阵地，成为中国革命的摇篮。李大钊 1918 年就在北大组织过一个马尔克斯学说研究会。1920 年 3 月，他又成立了北京大学马克思学说研究会，由北大学生邓中夏、黄日葵、高君宇、罗章龙等人组成，并建立了一个名叫"亢慕义

斋"（即"共产主义"音译）的图书室，收集了一批马克思主义书籍供会员使用。在一次"社会主义是否适宜于中国"的辩论会上，李大钊上台演讲，指出资本主义社会转变到社会主义社会就好比雏鸡破卵而出，是必然之理。此后，马克思学说研究会的成员迅速增加，研究会十九名发起人中，至少有十五人在1923年前加入中共组织。12月，李大钊又组织了北京大学社会主义研究会，以编译社会主义丛书和举办演讲为主要活动内容。在他的教育和影响下，很多青年接受了马克思主义，走上了革命道路，促进了马克思主义在中国更大范围的传播。

五四运动前后，身居红楼的李大钊、陈独秀，其精神领袖地位唤起更多先进青年树立起马克思主义信仰。也正是在北大红楼工作期间，李大钊、陈独秀逐渐转变为坚定的马克思主义者，传播马克思主义的真理，力求解决中国的现实问题。

1920年2月，陈独秀离京南下上海，李大钊秘密护送，途中他们商谈了建党工作，由此留下"南陈北李，相约建党"的佳话。陈独秀回到上海，把《新青年》杂志又迁回上海石库门，一面利用《新青年》积极宣传马克思主义，一面积极筹建中国共产党。

1920年春，共产国际代表维经斯基来华，先认识了李大钊。李大钊找罗章龙、张国焘、刘仁静等同维经斯基会面。随后，维经斯基又到了上海，与陈独秀会面，帮助陈独秀建党。在维经斯基等人的推动下，上海、北京建党的步伐加快。8月，在上海石库门《新青年》杂志编辑部，中国共产党早期组织率先成立，陈独秀任书记。《新青年》转变为党的机关刊物。

10月，在北大红楼一层东南角的李大钊办公室，李大钊、张申府、张国焘三人秘密成立北京共产党小组，这是北京历史上第一个中国共产党早期组织。北京共产党小组又吸收了刘仁静、罗章龙等人加入。李大钊从自己每月一百二十元薪俸中捐出八十元，作为小组活动经费。11月，北京共产党小组举行会议，将北京共产党小组命名为中国共产党北京支部，李大钊被推选为书记，张国焘负责组织工作，罗章龙负责宣传工作。

湖南、湖北、山东、广东等地也相继建立了党的早期组织，同时在法国和日本也由留学生中的先进分子组成了党的早期组织。这些组织当时叫法不一，有的叫共产党，有的则称共产党小组或支部，由于它们性质相同，因此，后来统称它们为各地共产主义小组。现在一般称作共产党早期组织。各地共产党早期组织，积极深入工人群众，举办工人夜校，建立工会组织。各地还建立了社会主义青年团，发展了一批团员，青年团成为党的有力助手和后备军。

1921年7月23日，中国共产党第一次全国代表大会在上海法租界望志路106号召开。从7月23日到7月29日，中共一大在上海共召开了五次会议。后由于代表们的活动已受到监视，会议无法继续在上海举行，多数代表转移到浙江嘉兴。大会最后通过党的"第一个纲领""第一个决议"等大会文件和选举产生党的中央局等最后的议程，是在嘉兴南湖的一艘游船上完成的。大会选举陈独秀为中国共产党中央局总书记。

在石库门和红船上召开的中共一大，标志着中国共产党的正式成立。中国共产党的成立，是中华民族发展史上开天辟地的大事变，具有伟大而深远的意义。

以《青年杂志》创刊为标志的新文化运动发轫于上海石库门，随后新文化运动的中心转移到红楼。红楼又是五四运动的策源地，传播马克思主义的中心。后来《新青年》又迁回石库门，中国共产党早期组织也率先在石库门建立。红楼和其他一些地方也相继建立党的早期组织。中国共产党第一次全国代表大会在上海石库门开幕，在嘉兴南湖红船上闭幕。

新文化运动唤醒了广大青年，被唤醒了的青年掀起五四运动；五四运动推动了马克思主义的传播，推动了马克思主义与中国工人运动相结合，为中国共产党成立准备了思想条件。中国共产党正式成立，领航中国大船驶向光明。石库门、红楼、红船，一脉相连。

（孔昕）

一批读书人怎么会创立无产阶级政党？

《觉醒年代》用艺术表现形式，再现了 1915 年到 1921 年从新文化运动、五四运动到中国共产党建立这段波澜壮阔的历史画卷。辛亥革命之后虽然结束了清王朝两百多年的封建统治，但是民族独立、人民解放，国家强盛、人民富裕的历史使命没有实现。民国名存实亡，连名号也岌岌可危，位居国家元首的袁世凯上演复辟帝制闹剧，最终草草收场。此后，莽撞的武夫张勋竟然又演了一回复辟闹剧。这是看得见的封建势力死而未僵、死灰复燃。至于人们脑子里、思想灵魂深处存留的与浩浩荡荡的新文明时代潮流格格不入的东西，那可以用根深蒂固来形容。在这一点上正如辜鸿铭所说，去头上的辫子易，去心中的辫子难。传统的封建文化、封建思想、封建意识，已烙印在人们的骨子里，欲去除之必须在灵魂深处刮骨疗毒，做伤筋动骨的大手术，谈何容易。陈独秀、李大钊等先觉者意识到，必须在思想文化领域启蒙，进行触及灵魂的革命。这是时代觉醒的必然指向，也是时代觉醒不可或缺的条件，更是时代觉醒唯一的检验标准。新文化运动兴起，促进了各种新思想的传播；马克思主义的传播，推动了中国共产党的创立。《觉醒年代》所展现的先觉

者、旗帜、总司令、骨干力量陈独秀和李大钊、毛泽东、周恩来、赵世炎、邓中夏等马克思主义传播者、共产党创始人，以及传播新思想或者倾向于新思想，客观上为新思想传播创造条件的蔡元培、胡适、鲁迅等，都是知识分子，传统叫作"读书人"。共产党是无产阶级先锋队，看上去，一批并非无产阶级队伍里的人创立无产阶级先锋队，或者说为无产阶级创立政党，逻辑似乎不顺。

辛亥革命的成果被以袁世凯为代表的北洋军阀集团窃取以后，大批追随孙中山干革命的知识分子，尤其是青年，陷入苦闷与彷徨，特别是"二次革命"的失败，革命志士流亡，袁世凯变本加厉，公然称帝。正如《觉醒年代》发出的疑问："这样的国家还有救吗？"先觉者有为者如陈独秀之辈，内心深处呼唤：得为这个国家做点什么。恰在此时，俄国革命成功，马克思列宁主义传入中国。他们分析借鉴俄国革命成功经验，其中最突出的一点就是为了劳动人民而革命，又必须依靠劳动人民进行革命。中国知识分子，喊出劳工神圣谈何容易。浸染了新文化、受五四爱国运动洗礼的中国知识分子，吸纳了苏俄革命精神的中国知识分子，喊出了"劳工神圣"。他们从心底认识到，种地不如农民，吃的比农民好；做工不如工人，穿的比工人好。再不为工人、农民谋利益，良心不安。鲁迅笔下的《一件小事》中，拉黄包车车夫的"伟岸"和自己的"渺小"，正是当时先觉者的内心反省。

我们必须注意，当时中国使用的概念和词汇，已经出现"无产阶级"一词，但与之对应的是"有产阶级"，而不是资产阶级。"无"对"有"，这是汉语习惯。有产阶级是指有资产有土地的人，也就是后来讲的资本家和地主，也包括贪官污吏。无产阶级指没有资产没有土地依靠出卖体力、脑力劳动的人，包括工人、无地农民及没有土地和资产的知识分子。知识分子把自己视为无产阶级的人。当然，我们从剧情中看到，开始阶段陈独秀的潦倒和李大钊的拮据，说他们是无产阶级的人，也合理。

这批先觉者，与劳苦大众有天然联系。陈独秀的两个儿子都在码头上当苦力，李大钊的夫人就是农民。说他们与劳苦大众心心相印，确有社会渊源和阶层基础。他们越是与劳苦大众接触，越发认识到劳动者纯正，越发认识到劳动者生活的悲催，越发意识到为劳苦大众谋福祉，就是自己的使命担当。

《觉醒年代》第四集，李大钊刚从日本回到北京，在大街上结识了长辛店工人葛树贵。葛树贵孩子生病无钱治疗，其妻当街跪地乞讨，葛树贵阻拦妻子跪乞，显示出尊严和骨气，感动了李大钊。李大钊典当衣物并预支工资帮助葛树贵给孩子治病。这个情节，表明李大钊与工人的心贴得很近。陈独秀在北京和汪孟邹一起吃涮羊肉那场戏，真好。不仅是老炭铜锅、小碗麻酱老北京味道十足好，而且是知识分子与工人同桌吃涮羊肉，味道好极了。原来看上去火锅里有"隔栅"，实际上是"一锅汤"！在当时积贫积弱的中国，知识分子与劳苦大众哪有实际上的阶级差别，本来就是一棵藤上的两个"苦瓜"嘛。接下来的情节很有趣，陈独秀正在卖弄地大讲涮羊肉应该怎么个涮法，完全一派小资格调的吃法，对面工人的吃法很嗨，陈独秀挡不住诱惑，也照样大盘肉酱一起拌，大口大口吃，真过瘾！知识分子接地气，才更有劲道，更给力。正如店小二所说，"一看就是一家人呐！"

陈独秀到上海后，积极在工人中开展活动。他在工人集会上发表演讲："社会上各项人，只有做工的人是台柱子""只有做工的人最有用、最贵重"。李大钊到长辛店给工人上课，由衷地赞叹"工人够上天那么高"。李大钊帮助过的工人葛树贵，后来成为工人领袖，在"二七"大罢工中献出宝贵生命。出身于农村、并曾主动做过农村调研、对农民比较了解的毛泽东，也主动到长辛店工人中去，还有邓中夏等一批人，与

工人"同吃同住同劳动"。

《觉醒年代》反映了先进知识分子与劳动大众的结合，展现了马克思主义与工人运动相结合产生了中国共产党这一历史主题，使之具象化、生动化、艺术化，感染力强，能够起到党史教科书的作用。

（李占才）

水到渠成：共产党成立是历史的必然选择

《觉醒年代》是中国共产党成立一百周年重大历史题材献礼剧，反映的是中国共产党的创立。把中国历史上的开天辟地的大事变——中国共产党的创立，用艺术形式展现出来。它是党史题材的影视剧，可以成为党史教科书。

这部剧大情节不虚，小情节不拘，不仅好看，还耐人寻味，给人启迪。中国共产党的建立，历史逻辑非常顺畅，情节和人物流畅地演绎出中国共产党在中国古老大地上出现，并不突兀，而是水到渠成，各种因缘际遇之果，解析了中国共产党是中国历史发展的必然产物的伟大命题。

中国共产党成立，离不开它诞生的社会土壤，该剧行云流水般地展现了中国共产党成立的历史背景。近代中国，民族独立、人民解放，国家强盛、人民富裕，是中国人民、中华民族必须完成的历史重任。中国有识之士一代一代曾为此做出过不懈的努力和斗争，后浪追着前浪、推着前浪走，最有可能完成两大历史使命的辛亥革命未能完成使命。该剧表现的袁世凯称帝、张勋复辟，没有张扬的大肆渲染的场面，但给观众留下的闹剧效果极佳，清王朝退位了，有形的辫子时不时就会死灰复燃。

宪兵统领、警察总监、奸细张丰载等人，行刑的刽子手、索买人血蘸馒头的婆子，以致提出"辫子说"的辜鸿铭，他们心中的"辫子"根深蒂固。上海、北京、长沙、天津众多场景展现出来的达官贵人、贩夫走卒，其思想观念，言谈举止，处处不合时宜，与时代相距十万八千里，以致麻木不仁，不拯救他们的心灵，行吗？孩子病了没有钱治，苦力扛包动辄挨鞭子，辛苦劳工过年吃不上白面，不解放他们、救助他们，行吗？积贫积弱，任人宰割，一次次败仗，一次次割地赔款，好不容易成为战胜国，而且曾付出众多劳工支援协约国欧洲战场作战代价的中国，不仅一无所获，而且还失去山东。国将不国，国之不存，民将焉附？书桌还往哪里安放？还容你从从容容地"启蒙"吗？这也是电视剧中陈独秀对胡适讲的能够引起国人心灵共鸣的大道理。救国救民，中国人，必须行动起来，走出一条新路。

《觉醒年代》所展现的思想启蒙的先觉者、共产党的创始人和青年革命者，陈独秀、李大钊、毛泽东、周恩来、陈延年、邓中夏、赵世炎、陈乔年，等等，之所以个个都形象鲜活，就是因为观众看到了他们思想的发展和成长，还感悟到成为先进分子的基本条件：不能麻木不仁，对社会现实有体察，也比较敏感，是批判现实主义者；有情怀，有悲悯心肠，有历史担当，想为国家为社会为大众做点什么，提供点帮助；有使命意识，正如面对胡适提议北大南迁，陈独秀当面斥责他时所说，我们不有所作为罔为国人，对现实对历史对后人没法交代。一代人要有一代人的担当，一代人要完成一代人的使命。他们是探索道路的人，他们是播撒火种的人，他们担负起这个使命，成为共产党创始人。

中国共产党成立，需要思想条件，没有马克思主义的指导，就不可能成立共产党。新文化运动掀起的思想启蒙，影响巨大，各种新思潮接踵而至。尤其是蔡元培接掌北京大学以后，北京大学聚集一批有识之士，兼容并包，各种思潮激荡。俄国十月革命引起中国知识界关注，马尔克斯研究会成立，李大钊等人研究马克思主义，传播马克思主义，信仰马克思主义，为中国共产党成立准备了思想条件。巴黎和会中国外交失败，激起知识分子尤其是青年一腔激愤，直接用行动以表达爱国诉求。五四爱国运动锻炼了人才，也扩大了马克思主义的传播。

1920 年 4 月，上海虹口长治路 177 号上海俄文生活报社，俄共（布）中央远东局维经斯基，约见陈独秀等酝酿建党问题，共产国际为中国共产党建立提供帮助和指导，列宁曾明确指示尽快成立中国共产党。1920 年 6 月，陈独秀在上海渔阳里 2 号新青年杂志社，创立"社会共产党"；8 月，社会共产党更名为"中国共产党"。李大钊在北京成立了中国共产党北京支部。1921 年 7 月 23 日，中国共产党第一次全国代表大会在上海法租界望志路 106 号召开，后来转移至嘉兴南湖游船上召开。

中国共产党第一次全国代表大会的召开，犹如一轮红日在东方冉冉升起，照亮了中国革命的前程。

（李占才）